Sereina Heim

Familienbalance

Sereina Heim

Familien-balance

7 Wege zu einer harmonischen und starken Eltern-Kind-Beziehung

Kösel

MIX
Papier aus verantwortungsvollen Quellen
FSC® C083411

Verlagsgruppe Random House FSC® N001967

Umschlag und Umschlagmotiv: Weiss Werkstatt, München
Außenredaktion: Mihrican Özdem, Landau
Satz: Fotosatz Amann, Memmingen
Druck und Bindung: CPI books GmbH, Leck
Printed in Germany
ISBN 978-3-466-31119-4
www.koesel.de

Dieses Buch ist auch als E-Book erhältlich.

Inhaltsverzeichnis

3. Teil: Familienbalance im Alltag

Vorwort

»Eigentlich müssten alle Kinder zu dir kommen!«, sagte Florian, sechs Jahre alt. Seufzend ergänzte er: »Aber es glauben halt nicht alle daran.«

Florians Kompliment hat mich sehr berührt. Seine Überzeugung, dass ich allen Kindern helfen könnte, ist für mich die schönste Bestätigung dafür, dass meine Arbeit sinnvoll ist. Gleichzeitig hat Florian pointiert auf ein Spannungsverhältnis hingewiesen, in dem ich mich tagtäglich befinde: Ich bin eine Erziehungswissenschaftlerin und Familientherapeutin, die spirituell arbeitet. Das heißt, neben der konkreten Erziehungsberatung biete ich energetische Körperbehandlungen für Kinder an, in denen ich durch sanftes Handauflegen Blockaden im Körper und im Energiefeld löse. Daran glauben tatsächlich nicht alle Menschen!

Und doch sehe ich jeden Tag, welche wunderbaren Veränderungen in Familien passieren dürfen, wenn wir uns nicht nur mit der Verhaltensebene beschäftigen, sondern die Familie als ein System begreifen, das durch energetische Verbindungen zusammengehalten wird. Neben allen Dynamiken des Zusammenlebens, die psychologisch erklärt werden können, wirken in Familien Kräfte, die sich einem erst erschließen, wenn man die spirituelle Dimension miteinbezieht. Ganz ehrlich: Das hat nichts mit Glauben zu tun. Man muss nur genau hinsehen oder noch besser, ganz genau spüren, was ist, und dann erschließen sich einem diese Zusammenhänge von allein.

Da es tatsächlich nicht möglich ist, dass alle Kinder zu mir kommen, habe ich mich entschlossen, ein Buch für Eltern und Kinder zu schreiben, das die wichtigsten Erkenntnisse meiner Arbeit zugänglich macht.

Das Buch ist ein Elternratgeber, aber kein *Erziehungsratgeber*, denn ich gebe hier keine Erziehungsratschläge. Das Schöne an Erziehungstipps ist, dass sie im Alltag konkret umgesetzt werden können. Sie bleiben jedoch ausschließlich an der Oberfläche des Familienlebens wirksam, da sie auf Veränderungen der Handlungsebene abzielen. In der Tiefe, oder anders gesagt, auf der Gefühlsebene vermögen sie nichts zu bewirken.

Dem möchte ich entgegenwirken, indem ich aufzeige, dass Eltern allein durch eine Veränderung ihrer inneren Haltung ein liebevolles und stärkendes Miteinander in der Familie schaffen können. Somit befasst sich dieses Buch inhaltlich nicht nur mit den psychologischen, sondern auch mit den energetischen Hintergründen familiärer Beziehungen. Ich möchte Ihnen eine ganzheitliche Sichtweise auf die Familie ermöglichen und vertrete dabei eine sehr praktische und lebensnahe Spiritualität.

Viele Familien kommen zu mir, weil sie in irgendeiner Form überfordert sind und zu keiner Lösung finden. Ich erlebe all die typischen Probleme, die in Familien entstehen können: Kinder, die nicht allein schlafen wollen; Geschwister, die sich täglich streiten; Eltern, die keine Geduld mehr für ihre Kinder haben; Kinder, die massiven Ängsten ausgesetzt sind oder tägliche Wutausbrüche haben, die kaum zu bändigen sind. Daneben bin ich auch mit Entwicklungsverzögerungen, Verhaltensauffälligkeiten oder Lernstörungen konfrontiert. Ich begleite Eltern, die sich intensiv um das Wohl ihrer Kinder sorgen, sich dabei aber als Paar aus den Augen verloren haben. Aus welchen Gründen Eltern mit ihren Kindern auch immer zu mir kommen, dahinter steckt stets dieselbe Frage: »Was können wir tun, damit es uns als Familie besser geht?« Genau diese Frage möchte ich Ihnen, liebe Leserinnen und Leser, mit diesem Buch beantworten.

Ihre Sereina Heim

PS Liebe Leserinnen, liebe Leser ich verwende im Text meistens die männliche Formulierung, um einen angenehmen Lesefluss zu gewährleisten. Selbstverständlich ist jeweils die weibliche Formulierung mitgemeint.

Einführung: Familienbalance

Dieses Buch hat den Titel »Familienbalance«. Diesen Begriff habe ich sehr bewusst gewählt, weil er präzise beschreibt, worum es mir in meiner Arbeit mit Familien geht. Balance ist das französische Wort für Gleichgewicht. Familien suchen meine Hilfe, wenn ein Familienmitglied, meistens eines der Kinder, in irgendeiner Form aus dem Gleichgewicht gefallen ist. Neben den energetischen Behandlungen für Kinder besteht meine Aufgabe zum größten Teil darin, den Eltern zu zeigen, warum es dem Kind nicht gut geht. Sehr häufig stellen wir gemeinsam fest, dass nicht nur das Kind ein Problem hat, sondern dass das Gleichgewicht in der ganzen Familie nicht mehr gegeben ist. Ich zeige den Familien daraufhin, wie sie es wiederherstellen können.

Familie zu leben, ist eine große Aufgabe, die viel Kraft kostet. Es muss nicht immer alles perfekt laufen, Fehler dürfen passieren, da wir miteinander lernen und wachsen. Und doch ist es der Wunsch aller Eltern, ein harmonisches Miteinander zu schaffen.

Familienbalance bedeutet, dass das Familienleben so gestaltet wird, dass es den einzelnen Mitgliedern der Familie gut geht und jeder seinen Platz in der Familie kennt. Zusätzlich zum theoretischen Verständnis der Familienbalance werde ich Ihnen konkrete energetische Übungen zeigen, die in allen Familien angewendet werden können. Ich empfehle Ihnen, das Buch zu lesen und erst im Anschluss ausgewählte Übungen zu machen. So können Sie sicherstellen, dass Sie aufgrund des umfassenden Verständnisses der Familienbalance-Struktur wirklich eine tief greifende Veränderung Ihrer Gefühlshaltung erzielen. Die Übungen sollten mit der klaren Absicht, etwas Gutes für die Familie erreichen zu wollen, durchgeführt werden. Nehmen Sie sich also vor jeder Übung einen Moment, um sich innerlich zu sammeln. Die Übungen ersparen Ihnen nicht die Herausforderungen des Alltags, aber sie helfen dabei, dem Familienleben mehr Leichtigkeit zu schenken, indem Sie als Mutter oder Vater die Energie der Familie in eine positive Richtung lenken.

Die sieben Grundsätze für das energetische Gleichgewicht einer Familie

Ich möchte Ihnen gleich zu Beginn des Buches die Hauptpfeiler meiner Familienphilosophie aufzeigen. Dies ist das Grundwissen, mit dem sich viele typische Probleme, die in allen Familien entstehen können, ganz einfach und selbstständig lösen lassen. Auch wenn jede Familie für sich gesehen einzigartig ist, habe ich über die Jahre doch festgestellt, dass gewisse Dinge in allen Familien gleich sind. Und dass sich viele Probleme auf die gleichen Ursachen zurückführen lassen.

Es ist normal, dass Probleme entstehen, wenn mehrere Menschen miteinander leben. Denn wir sind unterschiedliche Persönlichkeiten mit unterschiedlichen Bedürfnissen. Aber es kann klappen, trotz aller Unterschiedlichkeiten ein angenehmes Miteinander zu gestalten. Nämlich dann, wenn das Gebilde »Familie« im Gleichgewicht ist. Was heißt das?

Ich verstehe Familie als ein System. Das bedeutet, dass die einzelnen Mitglieder nicht unabhängig voneinander und quasi zufällig am gleichen Ort sind, sondern dass alle miteinander verbunden sind. Man kann sich das als silberne Fäden pulsierender Energie vorstellen, die jede Person innerhalb der Familie mit allen anderen verbindet. Wie ein überdimensionales Spinnennetz aus Energie. Da alle miteinander verbunden sind, reagieren auch alle auf die Handlungen, Lebensumstände und sogar Wünsche der anderen. Völlig unbewusst. Das passiert nicht mit unserem Verstand. Wir alle spüren unbewusst die Verbindung zu den anderen Mitgliedern der Familie und wir reagieren mit unserem Verhalten darauf. Insbesondere Kinder sind wahre Künstler darin, auf die Impulse aus dem Familiennetz zu reagieren. Deswegen kann man Kinderprobleme auch nie isoliert betrachten. Probleme von Kindern sind immer in das Gesamtgeschehen der Familie eingebunden.

Nun kann innerhalb dieses Familiennetzes Ordnung herrschen, das heißt, die Energie kann frei zwischen den einzelnen Mitgliedern hin- und herfließen, und jeder fühlt sich wohl auf seinem Platz. Es kann aber auch passieren, dass sich die einzelnen Energiefäden verheddern, und daraus entstehen dann die typischen Familienprobleme.

Wenn sich zum Beispiel Mama und Papa nicht mehr als Liebespaar spüren können. Der Alltag erdrückt sie, die Energie zwischen den beiden kann nicht mehr frei fließen, und die Beziehung wird belastet. Oder es kann passieren, dass ein Kind mehr Aufmerksamkeit bekommt als die anderen, und die Geschwister werden eifersüchtig. Dann kann sich der Faden unter den Geschwistern verknoten und es kommt zu Streitereien. Es ist auch möglich, dass die Mutter die Bedürfnisse des Kindes dauernd über die Wünsche ihres Partners stellt. Dann wird der Faden zwischen den Eltern geschwächt und der Faden zwischen der Mutter und dem Kind überstrapaziert, weil zu viel Energie darin steckt.

Um die Familie im energetischen Gleichgewicht zu halten, ist es wichtig, dass jeder seinen Platz und seine Aufgabe innerhalb der Familie kennt. Man kann die Familie durchaus mit Figuren auf dem Schachbrett vergleichen: Jeder hat seinen ihm allein zustehenden Platz, den er mit niemandem teilen muss. Die einzelnen Plätze sind klar voneinander abgetrennt. Im Schachspiel ist klar geregelt, welche Spielzüge eine bestimmte Figur machen kann. In der Familie gelten ebenfalls allgemeine Bedingungen, wie man sich in das Zusammenleben einbringt. Eltern haben den Kindern gegenüber beispielsweise andere Aufgaben als die

Großeltern. Die Eltern sind für die Erziehung zuständig, während die Großeltern die Ausnahme zelebrieren dürfen und vielleicht Zuckerwatte als Hauptmahlzeit servieren. Der Vater begegnet seiner Frau als ebenbürtige Partnerin, deren Meinung er akzeptiert, während er seiner Tochter Grenzen setzt und die Welt erklärt.

Wie wir miteinander umgehen, ist definiert durch die Rolle bzw. den Platz, den wir in der Familie einnehmen. Neben den Regeln des Benehmens oder der psychologischen Rollenzuschreibung, wie dass die Eltern die Versorger der Kinder sind, wirkt in Familien zusätzlich eine versteckte Struktur des Miteinanders, welche das Zusammenleben wesentlich vereinfacht, wenn man sich danach richtet.

Die Balance in der Familie entsteht durch das Einhalten dieser energetischen Struktur einer Familie. Sie lässt sich mit sieben Grundsätzen gut beschreiben:

1. Die Paarbeziehung ist die wichtigste Beziehung innerhalb der Familie.

2. Der Vater führt die Familie und die Mutter eint die Familie.

3. Mama und Papa sind für die Kinder gleich wichtig.

4. Die Eltern sind die Großen – die Kinder sind die Kleinen.

5. Das Kind ist nur das Kind und nicht der Mittelpunkt der Familie.

6. Die Reihenfolge der Geschwister definiert sich nach dem Zeitpunkt der Zeugung und nicht nach dem Zeitpunkt der Geburt.

7. Die Verbindung unter den Familienmitgliedern ist stärker als der Tod, deswegen ist es wichtig, die Ahnen zu ehren.

Während meiner langjährigen Tätigkeit als Familientherapeutin konnte ich beobachten, dass diese Struktur für alle Familien gültig ist, auch wenn man sich ihrer nicht bewusst ist. In Familien, in denen die Grundsätze ganz natürlich eingehalten werden, läuft das Familienleben rund. Diese Familien schaffen es, schnell wieder zu ihrem Gleichgewicht zurückzufinden, auch wenn einmal kleine Probleme auftauchen. Meistens ohne dass sich die Eltern dessen bewusst sind. Sie gehen ganz nach ihrem Gefühl und bleiben dabei in Harmonie zur energetischen Struktur.

Vielen Familien ist diese Struktur gänzlich unbekannt. Grundsätzlich lassen sich aber alle Familienprobleme darauf zurückführen, dass einer oder mehrere der Grundsätze verletzt werden. Meistens werden sie aus Unwissenheit nicht eingehalten, es kann aber auch sein, dass sich die Eltern oder die Kinder dagegen auflehnen. Daraus entsteht eine Spannung, die sich direkt auf das Familienleben und das Wohlbefinden der Kinder auswirkt. Und zwar einfach deswegen, weil die energetische Struktur natürlich gegeben ist und der Versuch, sie zu umgehen, den freien Fluss der Energie innerhalb der Familie blockiert.

Anhand von Beispielen aus meiner Praxis erzähle ich Ihnen im Folgenden, welche positiven Veränderungen Familien erlebt haben, nachdem sie sich in ihrem Zusammenleben an der energetischen Struktur orientiert haben. Ich habe die Beispiele nicht wegen ihrer Einzigartigkeit ausgewählt; im Gegenteil, sie spiegeln Dynamiken wider, denen ich im Praxisalltag regelmäßig begegne. Zum Einstieg eine kleine Episode:

Frau Keller[1] kommt mit ihrem Sohn Lukas (4) zu mir, weil Lukas seit Längerem unter starken Bauchschmerzen leidet. Sie hat ihm gesagt, Frau Heim könne zaubern und ihm helfen, dass die Bauchschmerzen weggehen. Lukas ist ziemlich enttäuscht, dass ich mittels einer energetischen Behandlung zwar tatsächlich seine Bauchschmerzen wegzaubern konnte, aber nicht in der Lage war, ihm sein sehnlich gewünschtes ferngesteuertes Auto hinzuzaubern. Traurig verlässt er die Praxis.

Als er das nächste Mal zu mir kommt, ist er ganz fröhlich und erzählt mir, dass seine Mama und sein Papa viel weniger streiten, seit die Mama mit ihm zu mir kam. Was Lukas nicht wissen kann, ist, dass ich nicht nur seinen Bauch behandelt habe, sondern seiner Mama auch noch eine emotionale Hausaufgabe mitgegeben habe. Ich hatte ihr die sieben Grundsätze erklärt, da mir aufgefallen war, dass die Mutter sehr hohe Erwartungen an das Benehmen ihres kleinen Sohnes stellt. Sie erzählte mir auch von den Spannungen zwischen ihr und ihrem Ehemann. Die Grundsätze erschienen ihr sehr stimmig. Seit sie diese kennt, ist sie weniger strikt in der Erziehung mit Lukas. Zudem versucht sie, wieder mehr Zeit mit ihrem Mann zu verbringen. Ich bin überzeugt, dass das genau so viel zu Lukas' Genesung beigetragen hat wie die eigentliche Behandlung. Wenn die Eltern entspannt sind, muss sich auch der Bauch des Kindes nicht mehr verkrampfen.

Die Verinnerlichung der energetischen Struktur befähigt Eltern, eine allfällige Schieflage in der Familie zu korrigieren. Zudem führt sie langfristig dazu, dass die Familie als System in schwierigen Situationen widerstandsfähiger ist. Haben die Eltern die Grundsätze verinnerlicht und richten sie sich in ihrem Umgang mit den Kindern daran, sind die Kinder entspannter und das Zusammenleben wird einfacher.

1. TEIL:
DIE KERNFAMILIE UND IHRE DYNAMIKEN

Die Paarbeziehung

Wieso beginnt ein Elternratgeber mit dem Kapitel Paarbeziehung? Aus dem einfachen Grund: Die wichtigste Beziehung innerhalb der Familie ist die Beziehung zwischen dem Mann und der Frau. Oder generell gesagt: zwischen den beiden Erwachsenen. Die Beziehung, welche die Familie energetisch trägt und bestimmt, wie viel Kraft eine Familie hat, das ist die Paarbeziehung. In vielen Familien glaubt man irrtümlich, die wichtigste Beziehung innerhalb der Familie sei diejenige zwischen Mutter und Kind. Wieso diese Vorstellung zu großen Problemen in der Familie führt, möchte ich gern aufzeigen. Darum stelle ich diese wichtige Aussage auch gleich an den Anfang, denn die Qualität der Paarbeziehung definiert die Qualität des Familienlebens und braucht deswegen besonders viel Aufmerksamkeit. Sie ist gleichzeitig die Beziehung, aus der die Eltern ihre Kraft ziehen können, um den Familienalltag gut zu bewältigen. Die Paarbeziehung ist der eigentliche Schatz der Familie, den es gut zu hüten gilt. Schließlich war die Paarbeziehung der Ausgangspunkt für die Entstehung der Familie.

Die Liebe zwischen Mann und Frau

Ein Sprichwort der Cherokee besagt: »Die höchste Berufung einer Frau ist es, den Mann zu seiner Seele zu führen, damit er sich mit seiner Quelle verbinden kann. Die höchste Berufung des Mannes ist es, die Frau zu beschützen, damit sie frei und unverletzt auf der Erde wandeln kann.«

Nun ist es heutzutage natürlich nicht mehr so, dass die Frau den konkreten Schutz des Mannes braucht, um sicher durchs Leben zu gehen. Trotzdem bleibt dieses Sprichwort von seiner Kernbedeutung her aktuell, wenn man die energetischen Aspekte einer Paarbeziehung verstehen möchte.

Die Beziehung zwischen einer Frau und einem Mann kann nur gelingen, wenn die beiden sich bewusst sind, dass sie energetisch verschiedene Aufgaben innerhalb der Beziehung haben und auch verschiedene Ansprüche an eine Beziehung stellen. Frauen und Männer sind unterschiedlich und das ist gut so!

In der chinesischen Tradition werden die weiblichen und männlichen Energien mit Yin und Yang beschrieben. Da diese Begriffe auch in Europa sehr gebräuchlich sind, möchte ich sie ebenfalls verwenden. Auch weil die berühmten grafischen Darstellungen von Yin und Yang deutlich machen, dass die beiden Energieformen bei aller Unterschiedlichkeit in ihrem Wesen doch absolut gleichwertig sind und sich gegenseitig perfekt ergänzen, um ein harmonisches Ganzes zu schaffen. Schauen wir uns die Zuschreibungen von »weiblich« und »männlich« einmal genauer an.

Das weibliche Prinzip. Das weibliche Prinzip entfaltet sich in Ruhe und allmählicher Wandlung. »Das Weibliche ist Werden- und Geschehenlassen, es ist das Abwartende und Empfangende und in diesem Sinn ist es passiv.«[2] Wobei passiv in keinster Weise negativ zu verstehen ist, sondern als die positive Kraft und Geduld, den Dingen die Zeit zu geben, die sie zur Verwirklichung brauchen. Yin-Energie wird als weich, anschmiegsam, flexibel und anpassungsfähig beschrieben. Wichtig für Frauen ist es, dass sie diese Qualitäten leben, sich dabei aber nicht aufgeben. Auch eine sanfte Energie hat eine Kontur und kann sich von anderen abgrenzen. Das Wort »Mutter« beispielsweise stammt aus dem Lateinischen und hat den gleichen Wortstamm wie Materie, nämlich »mater«. Die Materie wiederum ist die Verbindung zur Erde, genauso wie das weibliche Prinzip erdig und somit fruchtbar ist. Gerade in einer Liebesbeziehung hilft es, wenn die Frau sich dieser weiblichen Qualitäten bewusst ist und sie als wertvoll einstuft. Frauen müssen keine dauernd funktionierenden Maschinen sein. Das weibliche Prinzip der Fruchtbarkeit ist stetem Wandel unterworfen, das zeigt sich schon im monatlichen Zyklus.

Das männliche Prinzip. Demgegenüber steht das männliche Prinzip mit seiner kraftvollen Energie. »Es ist bestrebt, von sich aus Ordnung zu setzen, und verhält sich deswegen unterscheidend, planend, aktiv und aggressiv.«[3] Wobei »aggressiv« von seiner ursprünglichen Bedeutung her nichts anderes heißt als voranschreiten. Man beschreibt die männliche Kraft als vorwärtsstrebend, vorausschauend und zielorientiert. Es fällt Männern leicht, einen Plan in die Tat umzusetzen. Das Tun ist ein wichtiger Bestandteil des männlichen Prinzips. Ergebnisse des Handelns werden hoch gewertet. Deswegen werden Männer oft als die Macher beschrieben. Diese unbedingte Zielorientierung kann sich für die Frauen hart anfühlen. Dahinter steht aber einfach die vorwärtsstrebende Kraft des Lebens, die sich ihren Weg bahnt.

Die beiden Qualitäten ergänzen sich optimal. Es ist natürlich so, dass jeder Mensch, egal, ob Mann oder Frau, beide Qualitäten in sich hat. Bloß sind bei den Frauen die weiblichen Seiten und bei den Männern die männlichen Seiten stärker ausgebildet. In der Partnerschaft ist es wichtig, dass wir uns der Unterschiede bewusst sind, ohne dass wir eine Wertigkeit hineinbringen. Männliche Energie ist gut und wertvoll und weibliche Energie ist gut und wertvoll. Wenn wir danach leben, gelingt es, dass die Frau durch ihr Sein den Mann an seine empfindsame Seite heranführen kann und der Mann durch sein Sein das Leben der Frau in vielen Lebensbereichen vereinfacht, weil er nach praktischen Lösungen sucht. Wie es bereits die Cherokee in ihrem Sprichwort deutlich gemacht haben.

Aus meiner Erfahrung als Paartherapeutin kann ich sagen, eine Partnerschaft wird dann von beiden Seiten als erfüllend erlebt, wenn die Paare sich gegenseitig in ihrem Anderssein erkennen und schätzen. Oder einfacher gesagt, wenn der Mann weiß, dass seine Frau anders tickt als er, und er sie trotzdem liebt. Und wenn die Frau versteht, dass ihr Mann anders fühlt, und sie ihn gerade dafür besonders schätzt.

Das Erkennen der unterschiedlichen Energiequalitäten von Mann und Frau ist besonders hilfreich, wenn aus dem Liebespaar ein Elternpaar wird. Gerade im Umgang mit den Kindern ist es hilfreich, wenn die Eltern sich gemäß ihren Energiequalitäten in das Familienleben einbringen.

Die Grundschritte der Beziehungsentstehung

Am Anfang jeder Familie steht die Beziehung als Paar. Nun gibt es die ideale Variante, dass sich zwei Menschen ineinander verlieben und beschließen, gemeinsam Kinder zu bekommen. Es gibt die überraschenden Familiengründungen, bei denen die Frau ungeplant schwanger wird. Die schwierigste Ausgangslage, nämlich dass ein Kind während eines unfreiwilligen Beisammenseins gezeugt wird, werde ich hier ausklammern. Doch auch da ist eine Voraussetzung für alle Formen der Familiengründung vorhanden: Es beginnt damit, dass zwei Menschen sich begegnen und diese Begegnung Folgen hat. Heute gibt es viele Familienformen, und wenn sich beispielsweise ein homosexuelles Paar entscheidet, ein Kind zu adoptieren, steht am Beginn dieser Familiengründung auch die Beziehung des Paares. Wenn es zur Familiengründung kommt, egal, ob bewusst oder unbewusst, geschieht das immer aus der körperlichen und/oder emotionalen Verbindung zweier Menschen. Ich gehe sogar noch einen Schritt weiter und sage, es geschieht auch aus der energetischen Verbindung zweier Menschen. Über die energetischen Voraussetzungen einer Zeugung werde ich später mehr sagen. Wir sind hier am Anfang der Geschichte:

Zwei Menschen fühlen sich voneinander angezogen, lernen sich besser kennen, verlieben sich ineinander und beschließen, das Leben gemeinsam zu verbringen. Wir alle wissen, sie leben nicht »glücklich und zufrieden bis an ihr Lebensende«, wie es in den Märchen so schön heißt. Eine Beziehung als Paar zu leben, stellt einen vor Herausforderungen. Gleichzeitig bietet diese Lebensform die Chance, sich selbst tiefer kennenzulernen und miteinander zu wachsen.

Am Anfang, wenn man die starke Wirkung der Anziehungskraft erlebt, wirkt alles magisch. Man spürt die Anziehung und die Auswirkung, die sie auf den Körper hat. Man fühlt sich vielleicht sogar wie ferngesteuert, als würde eine Kraft außerhalb des eigenen Körpers und insbesondere außerhalb des eigenen Willens die Begegnung mit gerade diesem Menschen herbeiführen. Das ist es, was wir als Verliebtsein erleben. Was braucht es, dass aus zwei Menschen ein Paar wird?

Wenn man den Prozess der Beziehungsentstehung genau ansieht, erkennt man ein Muster, welches alle Paare durchlaufen, auch wenn die einzelnen Geschichten sehr verschieden sind. Das Muster besteht aus fünf Grundschritten.

1. Grundschritt: Man sieht sich. Der erste Schritt des Kennenlernens besteht darin, dass man sich sieht. Im Bus, bei der Arbeit, beim Sport, ganz egal, wo man das allererste Mal aufeinandertrifft, der erste Reiz ist visuell. Ich sehe den anderen, und was ich da sehe, gefällt mir. Oder auch nicht, da es ja nicht nur Liebe auf den ersten Blick gibt. Aber jede Begegnung zwischen zwei Menschen beginnt mit dem ersten Blick. Man sieht den ganzen Tag unzählige Menschen. Die meisten betrachtet man, ohne dass man dabei etwas fühlt. Einzelne stoßen einen ab. Bei wenigen spürt man Sympathie oder Zugewandtheit. Und dann gibt es diejenigen, die uns berühren. Die etwas in uns auslösen.

Die uns etwas erkennen lassen. Das ist ein wichtiger Punkt im Prozess der Beziehungsentstehung: Ich sehe einen anderen Menschen und ich erkenne ihn als ein für mich interessantes Gegenüber. Aus dem ersten unvoreingenommenen Blick ist ein bewusstes Sehen geworden, welches zu einem Erkennen geführt hat.[4] Dieses Erkennen führt zum nächsten Schritt.

2. Grundschritt: Man redet miteinander. Menschliche Begegnungen, egal, welcher Art, zeichnen sich aus durch Kommunikation. Erst in der Kommunikation erfahre ich etwas über einen anderen Menschen. Wenn ich im Zug sitze und ein toller Mann setzt sich zu mir ins Abteil, dann muss ich mit ihm reden, um in Kontakt zu kommen. Natürlich kann man einfach hin und wieder einen scheuen Blick austauschen und zaghaft lächeln. Das kann auch schön sein. Doch dann endet diese Begegnung beim Sehen, dann kommt die Beziehung zu diesem tollen Mann im Zugsabteil nicht über das Stadium des Sehens hinaus. Um einen Schritt weiterzukommen, müssen wir miteinander reden.

Es gibt Paare, die waren sich nach dem ersten Gespräch einig, dass sie sich mögen. Andere haben unzählige Gespräche als Freunde oder Teamkollegen geführt, bis sie eine stärkere Anziehung gespürt haben. Egal, wie viel Zeit zwischen dem ersten Sehen und dem Spüren der Anziehungskraft vergangen ist, dazwischen liegt immer gemeinsame Kommunikation. Sie ist der Schlüssel zum Kennenlernen. Erst wenn ich mehr von einem Menschen erfahre, entwickle ich ein Gefühl für ihn. Ich kann jemanden sehen und diesen Menschen als interessantes Gegenüber erkennen, doch bevor ich nicht die Gelegenheit hatte, ihm im Gespräch näherzukommen, bleibt das Bild, das ich mir von ihm mache, eine Illusion. Es findet keine wirklich emotionale Begegnung statt. Das gelingt nur über das gemeinsame Gespräch.

3. Grundschritt: Man fühlt sich vom Gegenüber emotional angezogen. Nähe entsteht durch Wissen. Erst wenn ich etwas über einen Menschen weiß, kann ich ihm emotional wirklich begegnen. Die Begegnung auf emotionaler Ebene führt dazu, dass man eine Anziehung zu dem anderen Menschen spürt und man dieser nachgeben möchte, um ihn möglichst häufig zu sehen – wobei dann in jeder Begegnung zwischen zwei Menschen die ersten vier Punkte der Beziehungsentwicklung wiederholt werden und erst daraus stabile Beziehungen entstehen. Wir sehen uns (im Chor, beim Spazieren mit dem Hund, im Fußballclub), ich erkenne den anderen als für mich interessant, wir kommunizieren miteinander, wir spüren die Resonanz als angenehmes Gefühl, das wir wiederholen möchten, und darum verabreden wir uns für ein nächstes Treffen. Zwischen zwei Menschen, die sich freiwillig in ihrem Privatleben regelmäßig begegnen, gibt es eine Resonanz oder eben Anziehung. Bei Freundschaften endet hier der Prozess der Beziehungsentwicklung. Er wird einfach stetig wiederholt und dadurch gefestigt.

4. Grundschritt: Man fühlt sich vom Gegenüber körperlich angezogen. Bei der Entwicklung einer Paarbeziehung geht der Prozess weiter: Man probiert aus, wie man sich fühlt, wenn man dem anderen auch körperlich nahe kommt. Wenn man seine Hand hält, ihn küsst und mit ihm schläft. Die meisten Menschen definieren den Unterschied zwischen Freundschaft und Liebesbeziehung über das Ausleben der Sexualität. Derjenige, mit dem ich Sex habe, ist mir auch emotional am nächsten; mit demjenigen möchte ich eine Liebesbeziehung leben. Eine Paarbeziehung ist nur dann erfüllend, wenn beide sich vom anderen angezogen fühlen. Denn gerade in der Sexualität verbinden sich die Energien von Mann und Frau. Im Liebesspiel entsteht eine Magnetkraft zwischen den beiden Körpern, die einen stärkenden Einfluss auf das körperliche Wohlbefinden beider Partner hat und gleichzeitig die emotionale Verbindung des Paares stärkt. Und sie ist nicht zuletzt die Kraft, aus der sich erst eine Familie entwickeln kann. Der natürliche Vorgang der Zeugung eines Kindes geschieht durch die gelebte Sexualität. Auch deswegen ist die Paarbeziehung – oder man könnte sagen, die Beziehung innerhalb der Familie, in der die Sexualität als energetische Kraft gelebt wird – die tragende Beziehung der Familie.[5]

Nun ist die Anziehungskraft keine Konstante. Es ist nicht so, dass sie, einmal dagewesen, immer in gleicher Intensität vorhanden bleibt. Es kann sein, dass sie sich erst langsam entwickelt. Aber ohne sie ist es schwierig, die Herausforderungen als Paar zu meistern. Wenn sich also zwei Menschen gesehen haben, miteinander gesprochen haben, sich nähergekommen sind und schließlich miteinander geschlafen haben, drängt sich früher oder später immer die Frage auf: Was ist das mit uns? Ist es ein Abenteuer, eine Affäre oder eine Beziehung? Das Entstehen einer Liebesbeziehung gipfelt in der Beantwortung dieser Frage.

5. Grundschritt: Man beschließt, ein Liebespaar zu sein. Schlussendlich braucht es eine bewusste Entscheidung. Zwei Menschen entschließen sich, dass sie von nun an ein Paar sein möchten. Wie auch immer sie das Leben als Paar gestalten, egal, ob sie zusammenziehen oder eine Fernbeziehung leben oder nebenher noch andere Beziehungen pflegen, in Bezug auf diese zwei Menschen braucht es den Moment der definitiven Entscheidung. Sonst fühlt man sich nicht als Paar, sondern hängt emotional in der Luft. Geschichtlich betrachtet, wurde dieser Moment über Jahrhunderte in der Eheschließung zelebriert. Heute muss man nicht heiraten, um miteinander zu leben. Aber um ein Paar zu werden, muss man sich füreinander entscheiden. Erst dieser Entschluss, das Gegenseitige Ja zum gelebten Miteinander, macht aus zwei einzelnen Menschen ein Paar, das sich als zusammengehörig erlebt.

Dies ist natürlich eine sehr abstrahierte Darstellung des Prozesses. Der Ablauf der einzelnen Schritte kann variieren, aber es wird nie ein Schritt ausgelassen. Es ist wie beim Tanzen, man muss die Grundschritte beherrschen, um eigene Figuren ergänzen zu können. Es gibt Paare, die tanzen nur die Grundschritte, andere bauen noch Extradrehungen oder Rückwärtsbewegungen mit ein. So ergibt sich der individuelle Tanz des Kennenlernens. Doch die Grundschritte sind bei allen gleich.

Die energetische Stärkung der Paarbeziehung

Es gibt unzählige Ratgeber zum Thema Beziehung. Darin wird erklärt, wie man die Kommunikation verbessern und die Spannung in der Sexualität aufrechterhalten kann oder wie man Überraschungsmomente in eine langjährige Beziehung zaubert. Das sind alles wichtige Themen.

Ich möchte Ihnen mit diesem Buch eine neue Form zeigen, wie Sie auf einfache Weise Ihre Beziehung stärken können. Immer im Hinblick darauf, dass das Leben als Familie nur gelingen kann, wenn die Paarbeziehung gepflegt wird.

Wenn man in einer monogamen Paarbeziehung lebt – egal, ob als Mann und Frau oder zwei Frauen oder zwei Männer miteinander – sobald zwei Menschen sich als Liebespaar verstehen, wünschen sie sich, dass diese Beziehung funktioniert. Funktionieren meint hier, dass sie die Beziehung so gestalten können, dass sich beide wohlfühlen mit der Beziehung und dem gewählten Partner. Wohlbefinden ist das oberste Ziel in einer Liebesbeziehung. Nur wenn ich mich mit meinem Gegenüber wohlfühle, kann ich diese Beziehung über längere Zeit aufrechterhalten. Nun ist es sehr individuell, unter welchen Bedingungen man sich wohlfühlt. Das kann jeder nur für sich herausfinden. Was ich Ihnen mitgeben möchte, ist die Einsicht, dass die einmal entstandene Verbindung zwischen zwei Menschen energetisch gestärkt werden kann.

Man kann das Wissen um die fünf Grundschritte der Beziehungsentstehung glücklicherweise auch für die Beziehungspflege nutzen. Eine Beziehung ist kein statisches Gebilde, das stets in der gleichen Form verbleibt. Eine Beziehung ist eher wie ein Lebewesen, das sich immer wieder neu bildet. Und das viel Aufmerksamkeit braucht. Wenn es einmal nicht so gut läuft, kann man auf die Grundschritte zurückgreifen. Indem man die einzelnen Elemente wieder aktiviert, kann man die Verbindung zum Partner stärken und die Beziehung lebendiger werden lassen.

Die allgemein bekannten Beziehungsprobleme gründen zu einem großen Teil darin, dass die einzelnen Grundschritte nach der Beziehungsentstehung nicht mehr gepflegt werden. Dem kann man durch einfache Übungen entgegenwirken.

Es ist ratsam, vor den Übungen mit dem Partner ausführlich darüber zu sprechen, welche Veränderung man sich für die Beziehung wünscht und warum man die Übungen machen möchte. Alle Übungen zielen schlussendlich auf die Änderung einer inneren Haltung ab.

Das ist es, was ich Ihnen in diesem Buch vermitteln möchte: Man kann durch die Veränderung der eigenen Haltung ganz viel Positives für die Beziehung und für seine Familie tun. Die Haltung, die wir unseren Liebsten entgegenbringen, ist der Schlüssel zum gemeinsamen Wohlbefinden. Die Übungen sollen lediglich dabei helfen, die Haltung in eine positive Richtung zu lenken.

Ich gebe Ihnen zu jedem der oben beschriebenen Grundschritte eine Übung an die Hand. Sie können alle Übungen durchführen oder auch je nach Situation, in der Sie sich gerade befinden, nur diejenige Übung machen, die gezielt Ihr aktuelles Problem zu lösen hilft. Grundsätzlich gilt für alle Übungen, dass sie wirksamer sind, wenn man sie wiederholt. In welcher Regelmäßigkeit Sie das machen wollen, ist ganz Ihnen und Ihrem Partner überlassen.

Zum Grundschritt »Ich sehe dich«

Viele Liebespaare kommen irgendwann zu dem Punkt, an dem sie sich gegenseitig nicht mehr richtig wahrnehmen können. Besonders Paare, die Eltern geworden sind, laufen Gefahr, dass sie ihre Aufmerksamkeit seltener auf den Partner richten als zu der Zeit, in der sie noch keine Kinder hatten. Der gemeinsame Fokus liegt bei den Kindern, und man hat wenig Zeit oder wenig Energie, um auch dem Partner genügend Aufmerksamkeit zu schenken. Das endet dann häufig beim Vorwurf: »Du siehst mich nicht mehr!« Was heißt das?

Dahinter steckt das Gefühl, dass mein Partner mich nicht mehr als den Menschen erkennt, der ich im Moment bin. Er sieht zwar noch die Vorstellung, die er sich von mir gemacht hat, aber er erkennt nicht mehr, was ich im aktuellen Moment fühle, brauche oder wünsche. Weil er nicht mehr genau hinschaut. Er verbleibt in seinem Wissen, welches er sich über die Jahre angeeignet hat, und vergisst, dass jeder Mensch immer wieder neu ist.

Es gibt eine einfache Übung, um das bewusste Wahrnehmen des Partners wieder möglich zu machen. Man weiß aus psychologischen Forschungen, dass die Wahrscheinlichkeit, sich zu verlieben, steigt, wenn zwei Menschen sich mindestens 90 Sekunden in die Augen schauen. Wenn man sich so lange ununterbrochen die volle Aufmerksamkeit schenkt, bewegt das etwas in einem. Man wird vom Gegenüber berührt, auch weil man seinen Schutzwall unweigerlich fallen lassen muss. Wenn ich jemandem erlaube, mich so lange direkt anzuschauen und ich diesen Blickkontakt bewusst erwidere, schafft das eine energetische Verbindung, aus der emotionale Nähe entsteht.

Übung »Schau mir in die Augen, Kleines!«

Nehmen Sie sich ein paar Minuten Zeit mit Ihrem Partner oder Ihrer Partnerin, in denen Sie garantiert ungestört sind. Setzen Sie sich bequem hin, egal, ob auf Stühlen, dem Sofa oder auf dem Boden. Sie sollten sich gegenübersitzen, sodass Sie sich entspannen und dabei direkten Augenkontakt halten können. Und dann schauen Sie genau hin! Sehen Sie sich mindestens 90 Sekunden lang in die Augen.

Es können verschiedene Gefühle auftauchen: Man möchte lächeln, man fühlt sich komisch berührt, man möchte am liebsten weglaufen oder aber den Partner sofort in die Arme schließen – ganz egal, welche Gefühle aufsteigen, sie sind alle gut. Sie bringen etwas in Bewegung. Und Bewegung ist wichtig, um ein dynamisches Wesen wie eine Beziehung am Leben zu halten.

Wichtige Regel: Sprechen Sie nicht miteinander über die auftauchenden Gefühle, lassen Sie sie einfach wirken. Sie können diese Übung in wiederkehrenden Abständen machen oder es einmalig versuchen.

Es ist ratsam, neben der Übung seinen Liebsten immer wieder mit unvoreingenommenem Blick zu betrachten. Damit meine ich, dass man versucht, im Jetzt zu bleiben und sich dem Gegenüber offen zuzuwenden, ohne die gestrigen Erlebnisse oder den Streit von letzter Woche im Kopf zu haben. Stattdessen sollte man dem anderen die Chance geben, sich so zu zeigen, wie er sich heute fühlt. Und nur auf das zu achten, was jetzt gerade passiert. Was heute Morgen oder letzten Monat war, ist nicht interessant. Ich möchte herausfinden, wer mein Partner heute ist und was ich in diesem lieben Menschen alles Neues entdecken kann.

Zum Grundschritt »Ich rede mit dir«

Wir haben oben gesehen, dass Kommunikation der Schlüssel zur gefühlten Nähe ist. Als Paar sollte man regelmäßig die Gelegenheit schaffen, dass man in Ruhe miteinander reden kann. Im Alltag mit Kindern, besonders wenn die Kinder noch klein sind, ist das aber eine Herausforderung.

Wenn Eltern bei mir in der Praxis sind und sich Sorgen machen um ihre Beziehung als Paar, sind meistens mehrere Komponenten betroffen: zu wenig Zeit zu zweit, fehlende emotionale Nähe, zu viel Arbeit oder abnehmendes Interesse am Gegenüber. Dann stelle ich immer eine Frage: »Wie begrüßt ihr euch, wenn ihr am Ende des Tages nach Hause kommt?« Viele antworten mir, dass sie sich gar nicht richtig begrüßen. Vielleicht rufen sie kurz »Hallo!« oder sie sprechen zuerst ausführlich mit den Kindern, um sich dann einen flüchtigen Kuss zu geben – in Gedanken schon bei der Zubereitung des Abendessens oder dem Telefonat, das noch erledigt werden muss.

Das sind erste Anzeichen dafür, dass der Paarbeziehung zu wenig Bedeutung beigemessen wird. Wenn man den Tag allein, also ohne seine Frau oder seinen Mann, verbracht hat und man kommt abends in der gemeinsamen Wohnung wieder zusammen, hilft es der Harmonie innerhalb der Familie ungemein, wenn man sich einen kurzen Moment Zeit nimmt, um sich richtig zu begrüßen. Damit aus den zwei einzelnen Menschen, die ihren Tag gemeistert haben, abends wieder ein Liebespaar wird, braucht es die energetische Verbindung, und diese entsteht durch die bewusste Begrüßung. Das muss nicht lange dauern, entscheidend ist der Grad der Bewusstheit.

Übung »Grüß dich, mein Schatz!«

Sich bewusst zu begrüßen heißt, sich einen Moment lang möglichst ungestört Zeit für den Partner zu nehmen. Sie können sich küssen, in den Arm nehmen oder einfach tief in die Augen schauen. Ganz wie Sie sich wohlfühlen. Derjenige, der zu Hause ist, geht auf den Heimkommenden zu an die Tür. Derjenige, der nach Hause kommt, begrüßt zuerst den Partner und erst danach die Kinder. Das ist ganz wichtig. So wird den Kindern klar, dass Mama und Papa wieder eine energetische Einheit sind. Das schafft Ruhe für den gemeinsamen Familienabend.

Ansonsten besteht das Paar energetisch gesehen aus zwei Einzelmenschen, die ihre Aufgaben als Eltern wahrnehmen. Kinder spüren alles, auch die fehlende Verbindung zwischen Mama und Papa, und sie reagieren in ihrem Verhalten darauf. Um die Eltern zu verbinden, denken sie sich irgendeinen Unsinn aus oder fordern Aufmerksamkeit ein durch Regelverstöße oder Ähnliches – nur um die Eltern in der gemeinsamen Aufgabe zu vereinen. Das geschieht völlig unbewusst. Kinder fühlen sich im Familienverband nur wohl, wenn sie die Eltern als energetische Einheit erleben. Dann ist ihr Bedürfnis nach Geborgenheit und Sicherheit gestillt. Eltern, die energetisch getrennt agieren, lösen in ihren Kindern eine emotionale Unsicherheit aus.

Darum mein Rat: Beugen Sie dem vor, indem Sie sich bewusst begrüßen. So können Sie gleich beim Nach-Hause-Kommen positive Energie aus Ihrer Beziehung ziehen. Dann fällt es auch leichter, Raum und Zeit für echte Gespräche zu finden.

Das Begrüßungsritual ist bei Weitem nicht die einzige Möglichkeit, eine energetische Distanz zu überwinden. Grundsätzlich gilt, dass meine innere Haltung meinem Partner gegenüber den Grad der Nähe und Verbundenheit bestimmt. Aber mit kleinen Ritualen lässt sich die Verbindung stärken und vertiefen.

Zum Grundschritt »Die emotionale Begegnung stärken«

Der Sinn einer Partnerschaft, ich glaube, da sind wir uns alle einig, liegt darin, dass man sich emotional aufgehoben fühlt. Man möchte jemanden an seiner Seite haben, der sich für die eigenen Gefühle und Gedanken interessiert. Man möchte gemeinsam ein Stück des Lebensweges gehen. Wenn aber zwei Menschen zusammenkommen, kommen damit auch zwei komplett verschiedene Lebenswelten zusammen, und es ist nicht leicht, die unterschiedlichen Vorstellungen von einem gelungenen Leben, dem idealen Familienleben oder nur schon der gemeinsamen Freizeitgestaltung am Sonntagnachmittag unter einen Hut zu kriegen. Da jeder von uns zudem mit seinen eigenen Sorgen, Fragen oder To-do-Listen aus dem Job beschäftigt ist, gelingt es nicht in jeder Lebensphase, uns optimal auf den Partner einzustellen. Manchmal ist jeder mit seinen eigenen Angelegenheiten so beschäftigt, dass es schwerfällt, sich auf den anderen einzulassen. Gerade in solchen Phasen, die vermutlich jedes Paar kennt, lohnt es sich, die Paarbeziehung wiederum energetisch zu stärken.

Jeder Mensch trägt männliche und weibliche Energien in sich, das haben wir bereits gesehen. In alternativen Heilmethoden spricht man davon, dass die rechte Körperseite der männlichen Energie zugeordnet wird und die linke Körperseite, die Herzseite, der weiblichen Energie. Das hilft uns bei einem ganz einfachen Partnerschafts-Trick: Wenn Sie das Gefühl haben, in Ihrer Beziehung laufe es gerade nicht so rund, können Sie Ihrer Partnerschaft einen positiven Kick geben, indem Sie Ihren Partner oder Ihre Partnerin an die Hand nehmen.

Übung »Gegenseitig die Energien aufladen«

Die energetische Einteilung des Körpers können wir nutzen, um die Energie der Beziehung zu stärken. Wenn Sie mit Ihrem Partner Hand in Hand laufen, wirkt es unterstützend auf die Partnerschaft, wenn die Frau an der Herzseite des Mannes geht. Das heißt, sie geht an seiner linken Seite. Weil die Frau viel Yin-Energie mitbringt, verstärkt sie damit die weibliche Körperseite des Mannes. Der Mann wiederum, der auf der rechten Seite der Frau geht, stärkt die männlichen Energien in ihrem Körper. Sind beide Partner energetisch gestärkt, hat das einen positiven Einfluss auf die Beziehung.

Es kann im ersten Moment ungewohnt sein, die Seiten zu wechseln, falls man es anders gewohnt ist. Aber es lohnt sich, das auszuprobieren. Sie werden staunen, was sich längerfristig daraus alles entwickelt!

Zum Grundschritt »Die Anziehungskraft stärken«

Die Anziehungskraft ist die energetische Grundlage der Beziehung. Sie ist kostbar und manchmal auch ein flüchtiger Bestandteil, der nicht immer gleich aktiv ist. Ich kann hier nicht vertieft auf das Thema Sexualität eingehen, das ist zu groß, um in einem Kapitel beschrieben werden zu können. Ich möchte einfach etwas zur energetischen Kraft der Sexualität sagen.

Die Verbindung zwischen zwei sich liebenden Menschen wird zu einem großen Teil über die Sexualität gestärkt. Ohne dass man viel dafür tun muss – außer miteinander zu schlafen natürlich! Während des sexuellen Aktes verbinden sich die Energien von Mann und Frau und laden sich gegenseitig auf. Das körpereigene Magnetfeld wird gestärkt, weil jeder Mensch in seinem Körper über positiv und negativ geladene Energie verfügt. »Der männliche Körper trägt den positiven Pol in den Genitalien und den negativen Pol in der Brust- und Herzgegend. Der weibliche Körper trägt in natürlichem Gegensatz dazu den positiven Pol in der Brust- und Herzgegend und den negativen Pol in den Genitalien.«[6] Im sexuellen Akt werden beide Körper energetisch aufgeladen, was einerseits die emotionale Verbindung des Paares stärkt, sich andererseits auch positiv auf das körperliche Wohlbefinden auswirkt, weil die körperliche Energie verstärkt wird. Die Sexualität kann also eine wichtige Kraftquelle für das Paar sein, die gesundheitsfördernd wirkt.

Sie ist gleichzeitig auch das Thema, welches am meisten Zündstoff bietet und häufig eines der größten Problemfelder der Beziehung darstellt.

Nach der Geburt eines Kindes, nach langjähriger Partnerschaft, während einer Belastungsprobe im Job oder nach einer Krankheit – es gibt viele Gründe, weswegen einem Paar die lustvolle Sexualität abhandenkommt. Oft sind die Bedürfnisse, wie Sexualität gelebt werden soll, einfach sehr unterschiedlich, was zu Spannungen und Frustrationen führen kann – im äußersten Fall auch zu einem Seitensprung oder einer Affäre.

Wird die Sexualität mit einem anderen Partner gelebt, hat das unweigerlich negative energetische Auswirkungen auf das Familiengefüge, weil die Paarbeziehung ihre Einzigartigkeit verliert und somit auch ihre Kraft. Derjenige Partner, der eine sexuelle Außenbeziehung lebt, verschenkt sich energetisch an eine familienfremde Person und entzieht damit der Familie wichtige Ressourcen. Dies hat einerseits emotionale Folgen, andererseits fällt es auch schwerer, die innerfamiliäre Paarbeziehung als tragend zu erleben, weil die Gedanken und Gefühle immer nach außen zu jemand anderem streben. Die eigene Aufmerksamkeit liegt nicht mehr bei der Familie, somit sinkt automatisch der emotionale Wert, den ich ihr beimesse. Das ist schwierig für die ursprüngliche Paarbeziehung, aber auch für die Kinder, weil die Familie in ein energetisches Ungleichgewicht gerät. Die Sexualität ist somit nicht nur entscheidend für die Qualität der Paarbeziehung, sondern auch für das Wohlbefinden der ganzen Familie.

Vielen Menschen fällt es schwer, über die eigene Sexualität zu sprechen. Obwohl sie eine der natürlichsten Formen der Begegnung zwischen Mann und Frau ist. Gesellschaftliche Tabus, emotionale Verletzungen oder ein Gefühl von Scham können verhindern, dass ein Paar einen offenen Austausch über die gemeinsame Sexualität pflegt. Ich begleite immer wieder Paare, die sich sehnlichst eine Veränderung ihres Sexlebens wünschen, in der Diskussion aber keinen Konsens finden können, was genau denn verändert werden müsste, damit sich beide wohlfühlen. Die Sprachlosigkeit in diesem Bereich unseres Lebens ist fundamental. Gleichzeitig verspüren alle Menschen den Wunsch nach Vereinigung mit einem selbst gewählten Gegenüber.

Es gibt eine schöne Übung, die es einem Paar ermöglicht, die energetische Verbindung untereinander zu stärken, ohne den Weg der Sexualität zu gehen. Auch hierbei geht es darum, dass sich die energetischen Pole der beiden Körper miteinander verbinden und das magnetische Feld zwischen Mann und Frau gestärkt wird.

Übung »Die Herz-Umarmung«[7]

Sorgen Sie dafür, dass Sie mindestens 15 Minuten ungestört sind. Umarmen Sie Ihren Partner oder Ihre Partnerin so, dass Ihre Chakren[8] aufeinander liegen. Das geht am besten, wenn der Mann auf dem Boden sitzt, die Beine entweder gestreckt oder im Lotussitz, und die Frau sich auf seinen Schoß setzt. Die beiden Köpfe sind entweder direkt voreinander mit Berührung an der Stirn oder, wenn einem das zu nah ist, seitlich aneinander gelegt. Die Arme umschließen den Rücken des Partners bzw. der Partnerin.

Verbleiben Sie ein paar Minuten still in dieser Sitzposition. Jeder versucht, in sich hineinzuspüren. Es geht nur darum, dass man wahrnimmt, was im eigenen Körper vor sich geht und was man fühlt.

Spielregeln: Während und nach der Übung sollten Sie nicht darüber sprechen, was Sie gefühlt haben. Lassen Sie die Übung einfach auf sich wirken.

Nach ein paar Minuten lösen Sie sich voneinander und steigen nicht weiter in die Sexualität ein. Die Herz-Umarmung ist nicht als Vorspiel gedacht, sondern als losgelöste energetische Übung.

Es kann sein, dass man sich auch einmal unwohl fühlt, da die Übung Energien freisetzt. Man muss sich erst an diese Form der Umarmung gewöhnen. Es lohnt sich aber, sich regelmäßig dafür Zeit zu nehmen. Je öfter man die Übung macht, umso stärker ist der Effekt.

Wenn Sie sich an die Herz-Umarmung gewöhnt haben, werden Sie mit der Zeit spüren, wie Ihre gemeinsame Verbindung stärker wird und Sie als Paar gleichzeitig resistenter werden gegenüber unangenehmen Situationen. Schwierigkeiten lassen sich besser lösen und die emotionale Nähe verstärkt sich. Und es kann tatsächlich passieren, dass dadurch etwaige Probleme in der Sexualität verschwinden, ohne dass man sich direkt mit der Sexualität befassen muss. Denn die Herz-Umarmung verstärkt auf natürliche Weise die Anziehungskraft zwischen zwei sich umarmenden Menschen. Weil sie gleichzeitig das magnetische Feld jedes Einzelnen stärkt, hat sie zudem einen positiven Effekt auf das körperliche und emotionale Wohlbefinden der beiden Partner.

Zum Grundschritt »Sich füreinander entscheiden«

Im Leben als Paar rückt die emotionale Verbindung gegenüber der praktischen Verbindung im Strudel des Alltags manchmal in den Hintergrund. Oder man kann die Verbindung zeitweise gar nicht mehr spüren und bleibt aus rationalen Gründen zusammen. Man hat gemeinsame Kinder, das Haus ist noch nicht abbezahlt, es ist praktisch, den Alltag gemeinsam zu meistern und so weiter. Wenn Paare ihre Beziehung aus taktischen Überlegungen oder Bequemlichkeit fortsetzen, ohne dass sie sich miteinander verbunden fühlen, ist das sehr traurig. Es muss aber auch nicht gleich so dramatisch sein. Vielleicht wissen Sie ganz genau, dass Sie Ihren Partner noch lieben, es fällt Ihnen bloß schwer, diese Liebe auszudrücken. In solchen Momenten hilft es, wenn man sich innerlich wieder neu füreinander entscheidet.

Man muss nicht verheiratet sein, um seine Partnerin als die eigene Frau oder seinen Partner als den eigenen Mann zu bezeichnen. Gerade für unverheiratete Paare, die kein Ritual hatten, in dem sie sich zueinander bekannt haben, ist diese Übung Gold wert.

Übung »Wir sind Mann und Frau«

Nehmen Sie sich einen Moment Zeit und schließen Sie Ihre Augen. Stellen Sie sich vor, Ihr Partner oder Ihre Partnerin sitzt Ihnen gegenüber. Dann sagen Sie innerlich oder laut, ganz wie Sie möchten: »Du bist mein Mann und ich bin deine Frau.« Beziehungsweise: »Du bist meine Frau und ich bin dein Mann.« Es ist wichtig, dass man den Satz aus einer inneren Sammlung heraus sagt und ihn nicht leichtfertig dahinplappert. Die Ernsthaftigkeit und die klare Absicht dahinter sind entscheidend.

Sie können den Satz in den nächsten Tagen immer wieder mental für sich wiederholen. Am besten bei der Begrüßung abends oder vor dem Einschlafen. Sie werden sehen, dieser einfache Satz hat die Kraft, Ihre Beziehung positiv zu verändern.

Sie können die Übung ganz für sich machen, auch ohne dass Ihr Liebster etwas davon weiß. Sie wirkt durch das Bewusstsein. Natürlich können Sie sie auch gemeinsam machen und sich die Sätze laut aufsagen. Die Entscheidung für das gemeinsame Miteinander darf immer wieder gefällt werden, das ist nicht auf die Hochzeit beschränkt.

Der Entschluss, ein Paar sein zu wollen, sollte nicht aus rein praktischen Überlegungen gefasst werden – weder am Anfang einer Beziehung noch während einer emotionalen Durststrecke. Paare sollten freiwillig und aus gegenseitiger Liebe und Achtung beieinander bleiben. Die erneute Entscheidung, wie man sie mit der Übung formuliert, wirkt als positiver Leim zwischen den beiden Liebenden.

Sie sehen, man kann die fünf Grundschritte der Beziehungsentstehung jederzeit nutzen, um eine Beziehung lebendig zu halten und vor allem um die energetische und emotionale Verbindung zwischen Mann und Frau zu stärken. Als Ergänzung verrate ich gern den ultimativen Beziehungstipp:

> **Die eigene Frau jeden Tag für mindestens 10 Minuten in den Arm nehmen, stärkt die Beziehung mehr als ein erfülltes Sexualleben.**

Frauen brauchen eine Form von körperlicher Nähe zu ihrem Partner, in der sie sich emotional aufgehoben fühlen. Eine lange Umarmung stärkt das Wohlbefinden der Frau. Eine Frau, die sich wohlfühlt, bringt ein unwahrscheinlich großes Engagement für ihre Beziehung auf, das wiederum dem Mann das Leben verschönert. Eine lange Umarmung wirkt für beide als energetische Kraftquelle, insbesondere wenn sie ohne Worte auskommt, weil beide darin die unvoreingenommene Nähe zum anderen erfahren können, nach der wir uns alle sehnen. Also: Nicht nur miteinander reden ist zentral für die Qualität der Beziehung, sondern auch, sich möglichst häufig und intensiv zu umarmen!

Ich habe dem Thema Paarbeziehung viel Platz eingeräumt, weil sie die Basis der Familie ist. Bert Hellinger hat diesen Umstand sehr schön begründet: »Denn Ihre Liebe als Paar geht Ihrer Liebe als Eltern voraus und, wie die Wurzel den Baum, so trägt und nährt Ihre Liebe als Paar auch Ihre Liebe als Eltern zum Kind.«[9]

Somit ist der erste Grundsatz der Familienbalance hergeleitet:

> **Die wichtigste Beziehung innerhalb der Familie ist die Paarbeziehung.**

Ich möchte dieses Kapitel abschließen mit einer Liedzeile aus einem Schweizer Volkslied. Da heißt es nämlich: »Mitten in der

Nacht, hei i und mis Schätzeli der Ehebund gmacht. Mir heine gmacht ire halbe Stund, mir heine bschlosse vo Herzensgrund. Schönstes, weine nicht, ich bin verliebt mit dir.«[10]

»Ich bin verliebt mit dir« ist eine wunderbare und sehr treffende Beschreibung des Verliebtseins. Erst wenn ich »mit dir« verliebt bin, erleben wir eine gemeinsame Gefühlsebene. Solange nur ich in dich oder du in mich verliebt bist, ist jeder von uns mit seinen Gefühlen allein. Aber in dem Moment, in dem wir miteinander verliebt sind, werden wir zu einem Liebespaar. Es drückt auch aus, dass das Projekt Liebesbeziehung nur miteinander gelingt. Es braucht beide Partner, die sich um die Beziehung kümmern. Keiner kann allein die Beziehung leben oder gar retten. Ich wünsche Ihnen, dass Sie immer wieder mit Ihrem Partner oder Ihrer Partnerin verliebt sein können!

Die energetische Familienhierarchie

Eine Familie ist nicht nur eine Gruppe von Menschen, die zusammenleben, sie ist ebenso ein Geflecht aus energetischen Verbindungen zwischen den einzelnen Mitgliedern. Damit Familie gelingt und sich jeder als ein wichtiger Teil der Gemeinschaft fühlen kann, braucht es Regeln und Absprachen, wie man miteinander umgeht. In einer Familie gelten jeweils die verbal ausgehandelten Regeln, wer welche Aufgaben übernimmt und wie man sich zu verhalten hat. Diese Regeln betreffen die gemeinsame Kommunikation und die konkrete Handlungsebene. Beispielsweise bestimmen die Eltern, wer von den beiden sich heute um den Abwasch kümmert oder wann die Kinder ins Bett müssen. Die Regeln beinhalten auch grundlegende Umgangsformen, wie dass man »Bitte« und »Danke« sagt. Welche ausgehandelten Regeln in einer Familie gelten, ist je nach Familie verschieden. Sie können zudem je nach Lebenssituation und Alter der Kinder jederzeit wieder verändert und neu diskutiert werden.

Daneben gibt es versteckte energetische Bedingungen, welche die Qualität der Beziehungen innerhalb der Familie und das tägliche Miteinander beeinflussen.

Die Versorgung der Familie

Damit eine Familie zusammenleben kann, braucht es verschiedene Formen von Energie, welche der Familie zugeführt werden. Stellen Sie sich einen großen Topf vor, in den diese Energien fließen. Die Energien sind: Liebe, Zeit, Geld und Hausarbeit.

Unter Liebe verstehe ich alle liebevollen Begegnungen, die Aufmerksamkeit, die man sich und den Kindern schenkt, emotionale Großzügigkeit und Zuwendung. Dann braucht es gemeinsam verbrachte Zeit, um sich wirklich als Familie, als zusammengehörige Gruppe zu fühlen. Es braucht Geld, um alle Lebenskosten decken zu können. Und es braucht Arbeit für die Familie, wie Kochen, Putzen, Steuererklärung ausfüllen, den Abfall entsorgen und so weiter. Alle diese Elemente wenden Eltern auf, um die Familie zu versorgen.

Entscheidend ist, dass die einzelnen Elemente alle gleich wichtig sind. Wer sich um welches Element kümmert, ist egal. Es braucht aber die Anerkennung, dass die Elemente alle gleichwertig sind und nicht gegeneinander aufgerechnet werden können. Den ganzen Tag zur Arbeit gehen ist nicht mehr oder weniger wert als mit den Kindern Zeit auf dem Spielplatz zu verbringen. Beides ist wichtig. Es spielt auch keine Rolle, ob die Mutter oder der Vater mehr Geld verdient. Entscheidend ist nur, dass alle Elemente erbracht werden und die Eltern untereinander wertschätzen, dass jeder seinen Teil übernimmt. Man kann auch ein Element so aufteilen, dass sich Mama *und* Papa darum kümmern. Denn die energetische Versorgung der Familie ist die gemeinsame Aufgabe der Eltern. Wie man das organisiert, das hängt einmal von den beruflichen Möglichkeiten ab, aber auch von den eigenen Vorlieben und Stärken. Jedes Paar kann für sich entscheiden, wie die Versorgung gewährleistet wird und kann sie auch jederzeit den neuen Bedürfnissen der Familie anpassen. Die Elemente Liebe, Zeit, Geld und Hausarbeit sind natürlich nicht strikt voneinander zu trennen. Oftmals gehen sie Hand in Hand. So kann man beispielsweise die Wäsche bügeln und sich gleichzeitig mit der Tochter über ihren Liebeskummer unterhalten. Es ist daher nicht immer ganz klar einzuteilen, welcher Elternteil wie viele Anteile eines jeden Elements übernimmt. Es hilft der Paarbeziehung nicht, wenn man minutiös aufrechnet, wer wie viel Energie für die Familie aufwendet. Es ist vielmehr hilfreich, wenn man anerkennen kann, dass beide Elternteile sich auf ihre Weise und mit ihren Möglichkeiten für die Familie einsetzen.

In meiner Praxis erlebe ich es sehr oft, dass eine erschöpfte Mutter bei mir ist, die sich über den fehlenden Einsatz ihres Partners beklagt. Das klingt dann so:

»Ach Frau Heim, ich bin es leid! Mein Mann überlässt mir die ganze Kindererziehung und den Haushalt sowieso. Glauben Sie, er würde abends auch nur einmal fragen, wie mein Tag gewesen ist und ob er mir etwas abnehmen kann?! Oder letztes Wochenende: Wir wollten mit den Kindern ins Strandbad fahren. Ja, da muss man tausend Dinge einpacken: Badehosen, Strandtücher, Schnuller, Reiseapotheke, Picknick… ich habe über eine Stunde gebraucht, um alles bereitzustellen. Und was macht mein Mann? Er geht in die Garage und putzt die Felgen seines Autos! Das ist doch unfassbar! Er hätte zumindest mit den Kindern spielen können, dann hätte ich wenigstens in Ruhe packen können. Aber so ist mir der Kleine dauernd zwischen die Füße gelaufen und die Große wollte mir unbedingt vom Streit mit ihren Schulfreundinnen erzählen. Nie sieht er, was wirklich zu tun ist!« Ich wage es, zwischendurch eine Frage zu stellen: »Haben Sie ihrem Mann denn nicht gesagt, dass Sie Hilfe benötigen? Sie hätten ihm doch auftragen können, die Badesachen zu packen?!« Die Klientin antwortet entnervt: »Ach nein, er packt ja sowieso das falsche Zeugs ein und am Schluss fehlt die Hälfte. Damit ist mir überhaupt nicht geholfen.« »Na, dann hätten Sie ihn doch zumindest bitten können, die Kinder zu beschäftigen.«

»Hm.« Sie denkt nach. »Ja, aber wenn er dann etwas mit den Kindern macht, dann tollen sie gemeinsam im Garten herum und am Schluss weint eines der beiden oder die Kleider werden schmutzig und wir müssen die Kinder wieder neu anziehen. Er kommt nie auf die Idee, einfach ein Brettspiel oder sonst etwas Ruhiges mit den Kindern zu spielen; nein, es wird immer gleich laut und wild. Was soll ich nur tun?«

Ja, was kann sie tun? Die Dynamik ist deutlich sichtbar und leider keine Seltenheit: Die Mutter ist der Überzeugung, dass nur sie den Überblick hat, was die Kinder gerade benötigen und was alles erledigt werden muss. Sie kann die Art und Weise, wie der Vater die Dinge handhabt und wie er mit den Kindern umgeht, nicht anerkennen. Gleichzeitig ist sie müde und erschöpft, weil sie nie etwas aus der Hand gibt. Wer glaubt, nur er selber mache alles richtig, muss alles allein machen. Das ist ein Teufelskreis. Das Ergebnis besteht aus drei Teilen: eine erschöpfte Mutter, ein resignierter Vater, der sich nicht mehr ins Familienleben einbringt, und Kinder, die sich mit ihren Sorgen und Bedürfnissen stets an die Mutter wenden.

Es ist heute immer noch so, dass Frauen häufig den größeren Teil der Versorgung übernehmen. Was Mütter für ihre Familien leisten ist unglaublich. Neben Zeit, Liebe und Hausarbeit gehen sie oftmals zusätzlich arbeiten, um Geld zu verdienen. Entweder weil es eine finanzielle Notwendigkeit ist oder weil sie es gerne möchten. Damit sie in der Lage sind, diese große Leistung zu erbringen, benötigen sie die emotionale Unterstützung ihres Partners und vor allem Anerkennung für ihre Leistungen. Die Anerkennung soll nicht von den Kindern, sondern vom Partner kommen. Sie hilft, die emotionalen Ressourcen der Mutter aufzuladen und gibt ihr Kraft für den täglichen Alltag.

Lieber Leser, wenn Ihre Frau für die Familie viel Gutes leistet und sich mit all ihrer Liebe und viel Zeit den Kindern widmet, sich um den größten Teil des Haushaltes kümmert und daneben vielleicht noch arbeiten geht, dann sagen Sie ihr doch bitte regelmäßig, wie toll sie das alles macht!

Auf der anderen Seite ist es heute immer noch häufig so, dass die Mütter den Vätern nicht wirklich die Chance geben, sich voll ins Familienleben einzubringen. Und zwar ganz einfach deswegen, weil sie den Vätern den richtigen Umgang mit den Kindern nicht zutrauen. Wir haben im vorigen Kapitel gesehen, dass Männer und Frauen ganz unterschiedliche Energiequalitäten haben. Diese führen dazu, dass man Dinge unterschiedlich handhabt. Frauen suchen tendenziell den Konsens, möchten auf alle Familienmitglieder einzeln eingehen und wünschen sich, dass es allen gut geht. Männer suchen tendenziell nach einer praktischen Lösung und haben ein klares Ziel vor Augen. Dies kann dazu führen, dass der Mann sich in die Garage verzieht, um wenigstens die Felgen zu putzen – das wollte er schon lange erledigt haben, der Wagen wird schließlich nächste Woche zur Inspektion gebracht – wenn er der Frau schon nicht beim Packen helfen kann. Während die Frau inzwischen versucht, nichts Wichtiges für den Ausflug ins Strandbad zu vergessen, ein leckeres Picknick bereitstellt und sich gleichzeitig um die Bedürfnisse der Kinder kümmert. Jeder macht in dieser Situation das, was er als sinnvoll erachtet, und versucht auf seine Weise, Gutes für die Familie zu tun. Leider führen die unterschiedlichen Herangehensweisen häufig zu Problemen und Missverständnissen.

Insbesondere den Umgang mit den Kindern gestalten Männer und Frauen unterschiedlich. Viele Väter finden klare Worte, um den Kindern etwas mitzuteilen. In den Ohren der Mütter klingt das aber oftmals hart. Der Vater mag vielleicht nicht hundertmal diskutieren, ob man im Auto die Lieblingsmusik der Tochter hört oder das ???-Hörspiel, welches sich der Sohn wünscht. Er wird irgendwann entscheiden, dass das Radio nun ausgeschaltet bleibt und nimmt in Kauf, dass damit beide Kinder verzichten müssen und ihre schlechte Laune kundtun. Dann kann es passieren, dass sich die Mutter mit dem Vorschlag einschaltet, erst zehn Minuten das eine und dann zehn Minuten das andere zu hören, damit alle wieder zufrieden sind. Und schon geht die Diskussion von vorne los, denn man kann ja nicht nach zehn Minuten ein Hörspiel unterbrechen …

Ich beobachte in der Arbeit mit Familien sehr häufig, dass die Mutter dem Vater die Möglichkeit nimmt, sich durchzusetzen. Damit wird seine Autorität untergraben, und es entsteht mit der Zeit eine Resignation, die dazu führt, dass sich der Vater immer weniger in die Erziehung der Kinder einbringt. Wenn er sich nicht mehr einbringen kann, muss sich die Mutter um alles kümmern. Und schon sind wir wieder beim Ausgangspunkt, dass eine erschöpfte Mutter ihrem Partner vorwirft, er kümmere sich zu wenig um die Familie.

Liebe Leserin, es gibt eine Möglichkeit, aus diesem Teufelskreis auszusteigen. Dazu muss man die energetischen Bedingungen kennen, die in Familien wirksam sind und die Qualität der Beziehung untereinander beeinflussen. Diese Bedingungen führen auf energetischer Ebene zu einer unterschiedlichen Aufgabenteilung zwischen Mutter und Vater. Dabei geht es nicht mehr um die eigentliche Versorgung der Familie, sondern um die energetische Struktur, welche ein schönes Miteinander ermöglicht. Ich verrate eines vorneweg: Das Einhalten der Struktur entlastet die Mutter im Familienleben und stärkt die Position des Vaters auf eine sehr schöne Weise, sodass die Kinder getragen sind von der Kraft und Liebe ihrer Eltern.

Warum gibt es eine Hierarchie in der Familie?

In meinen Elternkursen umschreibe ich Familie gern mit einer Metapher: Die Familie ist wie ein Haus. Die Paarbeziehung ist das Fundament. Der Papa ist der Rohbau des Hauses. Er gibt Stabilität und Halt. Die Mama ist die Inneneinrichtung des Hauses. Sie schafft die Atmosphäre innerhalb der Familie. Das Kind ist der Besucher des Hauses.

Ja, das Kind ist nicht etwa der Bewohner – das Kind ist nur zu Besuch bei seinen Eltern. Irgendwann wird es groß sein und aus dem Haus ausziehen. Papa und Mama schaffen das Familienhaus für das Kind, solange es dieses benötigt. Ist das Kind erwachsen, bleibt das Haus als die energetische Schwingungsebene der Familie bestehen, und es ist gerade dann für die Eltern sehr entscheidend, dass sie sich in diesem gefühlten Familienhaus auch ohne die Kinder miteinander heimisch fühlen.

Ich möchte nun etwas sehr Wichtiges über die energetische Struktur erläutern, die in jeder Familie auf genau diese Art und Weise wirksam ist. Wenn man diese Struktur beachtet und sich innerlich von ihr leiten lässt, fällt es leicht, ein harmonisches Miteinander innerhalb der Familie zu gestalten. Es ist mir wichtig, diese Struktur ganz genau zu erklären, weil sich eine unglaublich positive Kraft in ihr verbirgt.

Ich möchte aber auch allen Missverständnissen vorbeugen, denn was ich Ihnen jetzt erzähle, könnte Sie ziemlich überraschen. Und ich möchte gleich zu Beginn in aller Deutlichkeit sagen, dass es mir mit meinen Ausführungen auf keinen Fall darum geht, längst überholte Familienbilder aus den 1950er-Jahren wieder aufs Tapet zu bringen. Ich möchte lediglich zeigen, wie man in der Familie eine liebevolle Atmosphäre schaffen kann, in der jeder seinen Platz kennt und sich darin frei entfalten kann. Oft passiert es, dass wir in Familien ein »Kuddelmuddel« haben, weil sich die einzelnen Familienmitglieder nicht bewusst sind, welcher Platz und welche Aufgabe sie aus energetischer Sicht in der Familie innehaben. So entsteht ein Durcheinander, welches zu Spannungen, Missverständnissen und Unzufriedenheit führt. Dabei könnte alles ganz einfach sein.

Um zu verstehen, warum es in jeder Familie eine unumstößliche Hierarchie gibt, die nichts mit Macht oder Wertigkeit zu tun hat, sondern lediglich mit der energetischen Kraft eines jeden Einzelnen, muss man sich anschauen, wie eine Familie entsteht:

Eine Familie entsteht bei der Zeugung des ersten Kindes. Der Vater ist während des Aktes der Zeugung der energetisch aktive Part. Das gründet im biologischen Ablauf der Zeugung und hat nichts mit Ideologie zu tun. Mama und Papa schlafen miteinander und während des sexuellen Miteinanders finden ein Spermium und eine Eizelle zueinander. Nun ist es so, dass der Mann dabei durch die Ejakulation den aktiven Impuls gibt. Das Spermium macht sich auf den Weg durch die Vagina der Frau und kämpft sich durch die Eihülle, bis es mit der Eizelle verschmilzt. Energetisch bedeutet das: Der Vater gibt den ersten Impuls durch die Ejakulation. Die Mama nimmt das Spermium in ihrer Eizelle auf – dies ist energetisch gesehen der passive Teil des Zeugungsvorgangs. Sie ist die Hüterin des Raumes, sie empfängt den energetischen Impuls des Mannes und schützt die neu befruchtete Eizelle mit ihrem körperlichen Dasein. Man kann diese Vorgänge durchaus mit Yang als den aktiven Aspekt des Mannes und Yin als den empfangenden Aspekt der Frau bezeichnen. Nur weil sich Yin und Yang optimal ergänzen, kann aus der befruchteten Eizelle ein Mensch entstehen.

Verkürzt gesagt, heißt das: Der erste, aktive Impuls bei der Zeugung eines Kindes kommt vom Vater, der zweite, passive Impuls, das Empfangen, geschieht durch die Mutter, und als dritter Impuls kommt die Lebenskraft des Kindes mit dazu, welche sich durch die Zeugung und die seelische Zustimmung[11] aller drei Personen ergibt. Und genau aus dieser Reihenfolge der energetischen Impulse definiert sich auch die Hierarchie innerhalb der Familie. Das heißt, aus energetischer Sicht ergibt sich folgende Familienhierarchie:

1. Vater
2. Mutter
3. Kind

Nach dieser Familienhierarchie zu leben, führt zu mehr Zufriedenheit innerhalb der Familie.

Wenn Sie ein aufgeklärtes oder gar feministisches Welt- und Familienbild haben, kommt Ihnen das nun schräg vor, nicht wahr? Lassen Sie es mich ganz genau erklären. Ich habe das Wort Hierarchie gewählt, obwohl mir bewusst ist, dass es ein gefährliches Wort ist. Hierarchie verstehe ich hier überhaupt nicht als Bezeichnung für die Unterschiedlichkeit des Wertes, welcher den einzelnen Familienmitgliedern zusteht. Im Gegenteil – in einer Familie sind alle gleich viel wert! Ohne Wenn und Aber. Trotzdem hilft es, wenn man sich der energetischen Struktur bewusst ist.

Die Aufgaben von Vater und Mutter

Die Struktur lässt sich auch in anderen Worten erläutern, die den Sachverhalt sogar noch deutlicher darstellen. In jeder Familie gilt folgende energetische Aufgabenteilung:

1. Der Vater ist der Chef.
2. Die Mutter ist das Zentrum.
3. Das Kind ist nur das Kind.

Diese Einteilung ist wiederum nicht willkürlich gewählt, sondern ergibt sich aus den vorangegangenen Erläuterungen und den energetischen Qualitäten von Mann und Frau. Die beiden

Geschlechter zeichnen sich durch unterschiedliche Qualitäten aus, die beide komplett gleichwertig sind, in ihrer Wesensart aber verschieden.

Die Rollenzuschreibung betrifft die Beziehung und den Umgang mit den Kindern und nicht etwa die Paarebene. Der Vater hat den Kindern gegenüber die energetische Aufgabe der Leitung oder Führung und ist in dem Sinne der Chef der Familie. Er hat aber selbstverständlich nicht über seine Frau zu bestimmen.

Da der Mann, energetisch betrachtet, über die aktive, gestaltende Energie verfügt, sollte er in der Erziehung der Kinder und in der Gestaltung des Familienlebens eine aktive Rolle spielen. Da die Frau, energetisch betrachtet, über die bewahrende und beschützende Energie verfügt, sollte sie in der Erziehung der Kinder und in der Gestaltung des Familienlebens die ausgleichende Rolle spielen. Somit kommen wir zum zweiten energetischen Grundsatz:

Der Vater führt die Familie und die Mutter eint die Familie.

Wenn ich sage, der Vater ist der Chef, so meine ich damit nicht, dass er wie ein altertümlicher Patriarch über seine Familie herrschen soll, sondern dass er in Bezug auf die Kinder die Leitung übernimmt. Wenn ich sage, die Mutter ist das Zentrum, so meine ich damit nicht, dass sie die wichtigste und alles dominierende Person innerhalb der Familie ist, sondern dass sie dafür Sorge tragen sollte, dass alle emotional zueinander finden.

Das lässt sich im Alltag relativ einfach umsetzen. Verbringen beide Elternteile gemeinsam Zeit mit den Kindern, ist es ratsam, dass der Vater den Kindern sagt, was sie dürfen und was nicht. Dass er am Sonntagmorgen verkündet, wie der Tag gestaltet wird, und vor allem, dass er den Kindern Grenzen setzt, wenn sie gegen Regeln verstoßen. Ist der Vater zu Hause, müssen die Kinder spüren, dass sie ihm wichtig sind und dass er aber gleichzeitig derjenige ist, der den Takt angibt. Kinder brauchen Führung, sie fühlen sich besser, wenn es klare Leitplanken gibt, an denen sie sich orientieren können. Spüren die Kinder so die positive, führende Kraft des Vaters, fühlen sie sich beschützt und aufgehoben. Auch wenn sie im aktuellen Geschehen gegen die Erziehungsmaßnahmen rebellieren, gibt ihnen die klare Präsenz des Vaters langfristig emotionale Stabilität. Und genau das ist die Aufgabe des Vaters – seinen Kindern Halt zu geben.

Das gelingt nur, indem der Vater die Führung übernimmt. Das funktioniert ganz ähnlich wie beim Paartanz: Ein guter Tänzer spürt den Rhythmus der Musik und gibt durch die innere Haltung und Körperspannung klare Anweisungen. Eine leichte Bewegung des Armes oder eine Veränderung der Position des Oberkörpers genügt, um eine klare, bestimmte und doch sanfte Führung zu erreichen. So schwebt man gemeinsam mühelos übers Parkett. Ein schlechter Tänzer hat entweder zu wenig Haltung und verwirrt das Gegenüber durch eine lasche Führung. Kraftlose und unklare Führungsimpulse führen zu Unverständnis oder werden komplett übersehen. Auf diese Weise kann man keine anspruchsvollen Figuren tanzen und zum Schluss sind die beiden Tanzenden frustriert. Die andere Variante eines schlechten Tänzers ist derjenige, der eine Überspannung erzeugt, das Gegenüber in eisigem Klammergriff hält und die Führungsimpulse ruckartig und hart ausführt. Bis sich das Gegenüber schließlich verkrampft und jede neue Figur ablehnt aus Angst, über die Tanzfläche gezerrt zu werden.

Diese Analogie passt ganz gut, um die Führungsqualitäten eines Vaters zu erläutern. Die Idee ist nicht, dass der Vater lieblos an seinen Kindern herumzerrt und ihnen gnadenlos seinen Willen aufdrückt. Genauso wenig ist den Kindern geholfen, wenn der Vater unklare Ansagen macht und seine Handlungsweise nicht stringent ist. Für Kinder ist es wichtig, dass sie sich darauf verlassen können, dass das Wort des Vaters gilt und er nicht heute plötzlich eine komplett andere Meinung hat als gestern. Das wäre eine lasche Führung, die den Kindern keinerlei

Orientierung gibt. Am schwierigsten ist es, wenn der Vater gar keine Führungsimpulse gibt, wenn er die Kinder ganz sich selbst überlässt, ohne sich um ihre Belange zu kümmern. Erziehung heißt schlussendlich: »Ich bin für dich da, und ich zeige dir, wo es langgeht.« Wie beim Tanzen: »Ich führe dich im richtigen Rhythmus, bis du allein für dich sorgen kannst.« Genau wie der talentierte Tänzer braucht auch der kompetente Vater dafür eine klare innere Haltung, aus der heraus er handelt. Dann genügen feine, aber gut erkennbare Führungsimpulse bzw. Erziehungsstrategien, um die Kinder zu lenken. Sie werden es danken, indem sie sich führen lassen. Nur so entfaltet sich der gemeinsame Tanz durch das Leben.

Ein Vater, der sich nicht in die Erziehung seiner Kinder einbringt, wirkt auf die Kinder schwach. Das führt dazu, dass sie sich ihm immer weniger anvertrauen, weil sie befürchten, er könnte aufgrund seiner vermeintlichen Schwäche unter der Last ihrer Anliegen zusammenbrechen. Übernimmt der Vater in der Erziehung nur die passive Rolle, degradiert er sich zum Statisten in seiner eigenen Familie.

Für die Mutter bedeutet dies: Wenn der Vater zu Hause ist, kann sie ihm die Führung überlassen. Das heißt auch, dass sie ihm nicht in den Rücken fallen darf. Für die Kinder ist es wichtig, die Eltern als Einheit zu erleben, die nach den gleichen Zielen strebt. Es ist also ratsam, dass sich die Eltern regelmäßig über ihre Erziehungsanliegen austauschen, und zwar in einem ungestörten Moment, ohne neugierige Kinderohren. Auf keinen Fall sollte die Mutter die Kompetenz des Vaters vor den Kindern anzweifeln. Umgekehrt ebenso wenig.

Führen bedeutet nicht, dass der Vater einsame Entscheidungen fällt und diese gegen alle Widerstände umsetzt. Entscheidungen sollten von beiden Elternteilen gemeinsam getroffen werden, aber idealerweise vom Vater den Kindern gegenüber kommuniziert werden. Sind also beide Elternteile da, kümmert sich die Mutter um die emotionalen Belange der Kinder und überlässt dem Vater die Führung.

Ist die Mutter mit den Kindern allein, ist es selbstverständlich, dass sie in der Zeit den aktiven Part übernimmt. Da sie das Zentrum ist und die Verbindung zwischen allen herstellt, ist es logisch, dass sie analog zur weiblichen Energiequalität je nach Situation zwischen dem aktiven und passiven Part in der Erziehung wechselt. Deswegen ist die Mutterrolle so anspruchsvoll.

Natürlich darf der Papa auch einmal verbindend wirken und vor allem emotional ganz auf die Kinder eingehen. Ich möchte hier kein statisches Bild des harten Vaters und der weichen Mutter zeichnen. Auch der Vater soll und darf seine Kinder knuddeln, mit ihnen schmusen, ihre Sorgen anhören und sie sanft in den Schlaf wiegen. Und die Mutter soll und darf den Kindern Grenzen setzen und Entscheidungen treffen. Im aktuellen Moment, wenn der Große übel gelaunt von der Schule nach Hause kommt, weil er eine schlechte Note bekommen hat, und der Kleinen einen Schubs verpasst, weil sie unbedingt mit ihm spielen will und keine Ruhe gibt, dann muss die Mutter, wenn sie allein zu Hause ist, ganz aktive Maßnahmen ergreifen, um wieder Entspannung in die Situation zu bringen. Dann muss und darf sie die führende Rolle übernehmen, ganz klar.

Worum es mir in meiner Argumentation geht, ist nicht nur die Umsetzung im akuten Moment, sondern vielmehr die innere Grundhaltung der Eltern. Denn diese entscheidet darüber, wie die Energie in der Familie fließen kann.

Es mag für viele Männer im ersten Moment anstrengend erscheinen, den Kindern die Stabilität zu vermitteln. Ich möchte nicht den Eindruck erwecken, dass ein Vater in jedem einzelnen Moment stark, souverän und emotional stabil sein muss, um ein guter Vater zu sein. Jeder Mensch darf auch einmal einen schwachen Moment haben. Wichtig ist nur, dass der Vater verinnerlicht, welche Qualitäten er seinen Kindern mit auf den Lebensweg geben kann und wie ihm das gelingt. Denn wenn der Vater weiß, dass er der Führende ist, erfüllt ihn das mit Stolz und Kraft, sodass er viel Gutes für seine Familie tun kann.

Wenn die Mutter weiß, dass sie das Zentrum ist, kann sie dem Vater die Führung überlassen und sich um eine wunderschöne Aufgabe kümmern, nämlich für eine liebevolle Grundstimmung in der Familie sorgen. Dies alles gelingt am besten, wenn die Eltern einander die jeweilige Rolle zugestehen und die darin enthaltene Qualität erkennen und schätzen.

Wenn die Eltern vertauschte Rollen leben

Haben Sie das alles gewusst? Wahrscheinlich nicht. Ich blicke immer wieder in erstaunte Gesichter, wenn ich in der Beratung oder in meinen Elternkursen die energetische Struktur der Familie erkläre. Auf die erste Überraschung folgt meist ein kurzes Aufflammen von Widerstand, dem ich gern mit weiteren Erklärungen begegne. In einem zweiten Schritt kann ich beobachten, wie die Paare aufatmen, sich anlächeln und nicht selten einander die Hand reichen oder sich sonst liebevoll berühren. Das Bewusstmachen der Struktur und vor allem die konkrete Umsetzung im Alltag schafft Erleichterung.

Familie Galliker kommt mit ihrem Sohn Marlon (12) zu mir. Die Baskenmütze tief ins Gesicht gezogen, ein schwarzes T-Shirt mit Totenkopf und die Arme vor der Brust verschränkt, so präsentiert sich Marlon mir. Er setzt bewusst einen abweisenden Gesichtsausdruck auf. Nur seine Augen, die mich zwischendurch unsicher mustern, verraten mir, dass das alles nur Fassade ist und sich dahinter ein kleiner Junge versteckt. Die Mutter setzt zu einem langen Monolog an, indem sie mir erklärt, dass Marlon in letzter Zeit sehr frech gewesen ist, sich nicht mehr an Regeln hält und am liebsten nicht einmal zu den gemeinsamen Mahlzeiten anwesend sein

möchte. Und das, obwohl er früher so ein lieber Junge gewesen ist!
Marlons Eltern haben sich kennengelernt, als sie beide 40 Jahre alt waren. Sehr schnell haben sie sich für ein Kind entschieden und Marlon bekommen. Die Mutter hat daraufhin ihren anspruchsvollen Job bei einer Schweizer Großbank aufgegeben und sich ganz auf die Mutterrolle konzentriert. Marlon ist ihr Ein und Alles, und weil sie es gewohnt war, eine führende Rolle innezuhaben, ist es ihr auch nicht schwergefallen, zu Hause das Zepter zu übernehmen. Allein aus dem Gespräch ist ersichtlich, dass der Vater sich kaum in die Erziehung einbringt. »Ich muss jeden Tag mit Marlon kämpfen«, klagt die Mutter. »Stundenlang hängt er vor dem Computer, will abends nicht zeitig ins Bett, und morgens ist er dann so müde, dass ich ihn kaum in die Schule bringe. Wenn ich etwas dagegen unternehmen will, wird er ausfallend und beschimpft mich. Und du sagst überhaupt nichts!« Der letzte Satz gilt vorwurfsvoll ihrem Mann. »Was soll ich denn sagen? Du willst ja nicht, dass ich ihm den Computer wegnehme, weil er ihn auch noch für die Schule braucht. Meine Meinung interessiert dich gar nicht.« »Seit wann hast du eine Meinung? Normalerweise wünschst du immer, dass ich solche Dinge allein mit Marlon kläre. Ich muss doch alle Kämpfe mit ihm austragen.« Marlon schaut erst zu mir und schiebt sich dann die Mütze noch tiefer ins Gesicht. »Ihr seid so peinlich«, wirft er seinen Eltern vor. Das ist der Moment, in dem ich Marlon ins Wartezimmer bitte und ein ernstes Wort mit den Eltern rede. Mir ist klar, dass das unflätige Verhalten von Marlon nicht nur mit der einsetzenden Pubertät zu tun hat, sondern auch mit einer verdrehten Familienhierarchie. Gerade in seinem jetzigen Alter bräuchte Marlon die Stabilität des Vaters und auch die Auseinandersetzung mit ihm. Da die Mutter aber keine Konfrontation zwischen Vater und Sohn zulässt, muss sie das Verhalten ihres Sohnes entweder aushalten oder sich dagegen auflehnen. Beides ist keine gute Lösung. Also erkläre ich den

Eltern in aller Ruhe die energetische Familienhierarchie. Zuerst hören sie mir eher skeptisch zu, ich sehe auch, wie Frau Galliker die Einwände bereits auf der Zunge liegen. Doch diesmal kommt Herr Galliker ihr zuvor: »Sie meinen also, wir können das Verhalten unseres Sohnes positiv beeinflussen, indem ich Marlon zeige, dass ich der Chef bin und meine Frau sich etwas zurückhält?«, fragt er mich erstaunt. »Ja, genau das meine ich!« Innerhalb weniger Wochen können sie tatsächlich eine angenehme Veränderung in Marlons Verhalten feststellen.

Ich glaube, viele Paare sind deswegen so erstaunt über die Hierarchie, weil sie es anders verinnerlicht haben. Doch wenn Mama und Papa ihre energetische Rolle nicht einnehmen, sondern die Struktur verdrehen, kann das zu erheblichen Problemen innerhalb der Familie führen.

Wenn die Mutter glaubt, sie sei der Chef

Durch die sozialen Entwicklungen der letzten Jahrzehnte hat sich eine Illusion des Mutterseins entwickelt, welche einer Überhöhung der Mutterrolle gleichkommt. Viele Menschen – Eltern und Fachpersonen gleichermaßen – sind der Ansicht, dass die Mutter für die Kinder die wichtigste Bezugsperson sei. Dadurch streben viele Mütter danach, für ihre Kinder unersetzlich zu werden.

Neben dieser gesellschaftlich geschürten Erwartungshaltung an die Rolle einer Mutter gibt es meiner Meinung nach auch einen natürlichen Ursprung für das Phänomen der überpräsenten Mutter. Die Mutter spürt das Kind während der Schwangerschaft in ihrem Bauch. Sie ist die Erste, die körperlichen Kontakt zum Kind hat. Die Symbiose von Mutter und Kind, die sich in den ersten Lebenswochen des Kindes ergibt, ist für das Überleben des Kindes entscheidend. Wenn die Mama stillen kann, ist sie die Ernährerin des Kindes, und auch sonst braucht das Baby am Anfang seines Lebens möglichst viel Körperkontakt zur Mutter. Daraus ergibt sich eine große Vertrautheit. Nun kann es passieren, dass sich Mutter und Kind gegen Ende des ersten Lebensjahres nicht aus dieser starken Verbundenheit lösen und sie stattdessen ungefiltert weiterleben, selbst wenn das Kind schon eigene Schritte im Leben machen kann. Es ist nicht selten, dass die Mama glaubt, sie wäre die Einzige, die weiß, was gut ist für das Kind. Sie wäre die Einzige, die wirklich spürt, was das Kind braucht. Und sie wäre auch die Allereinzige, die dem Kind das geben kann, was es für seine Entfaltung braucht. Das führt dazu, dass die Mutter alle Entscheidungen an sich reißt. Und auch wenn das Kind längst aus dem Kleinkindalter herausgewachsen ist, immer noch die Hauptarbeit der Erziehung übernimmt.

Aber wenn die Mutter dem Irrtum verfällt, sie müsse die Aufgaben des Chefs übernehmen, alles selbst bestimmen, alle Entscheidungen selbst treffen und alle Erziehungsmaßnahmen allein durchsetzen, verheddert sie sich im männlichen Prinzip und hat weder emotional noch energetisch oder zeitlich die Kapazität, sich um die Atmosphäre der Familie zu kümmern. Denn für die Mutter ist es tendenziell kräftezehrend, dauernd die männlichen Aspekte innerhalb der Kindererziehung ausleben zu müssen, während das für den Vater natürlicherweise weniger anstrengend ist, da es seinem energetischen Prinzip entspricht.

Jesper Juul, der bekannte Familientherapeut, hat es einmal so formuliert: »Ich glaube, eines der größten Missverständnisse in Verbindung mit dem verständlichen Aufruhr der Frauen in den 70er-Jahren war die Tatsache, dass die häuslichen Tätigkeiten einer Frau ausschließlich unter praktischen Gesichtspunkten betrachtet wurden. Damit hat man die wichtigste Funktion außer Acht gelassen, nämlich Atmosphäre schaffen. Und [...] das zählt im Haus einer Familie zu den allerwichtigsten Dingen.«[12]

Das ist in meinen Augen eine sehr schöne Formulierung, die einen verbreiteten Irrtum aufdeckt. Durch die Entwicklung des Feminismus in den letzten Jahren hat sich ein Denkfehler in die Familiengestaltung geschlichen: Frauen wollten ihrer untergeordneten Rolle des Hausmütterchens entfliehen und haben für die Aufwertung ihrer Rechte gekämpft. Das ist glücklicherweise gelungen, wir haben heute ein viel größeres Bewusstsein dafür, was Frauen in der Familie und generell in der Gesellschaft leisten. Im Übereifer für die gute Sache wurde dabei aber außer Acht gelassen, dass Frauen über wunderbare Eigenschaften verfügen, die im Familienleben zwingend notwendig sind. Durch das weibliche Einfühlungsvermögen, die weibliche Denkweise und die weibliche Herangehensweise an Probleme kommt eine Qualität in das gelebte Miteinander, welche mit den treffenden Worten von Juul als »Atmosphäre« beschrieben werden kann.

Eine Mutter, die immer die Aufgaben des Chefs an sich reißt, hat keine Kapazität mehr, das Zentrum zu sein. Sie wirkt dann sowohl für die Kinder als auch für ihren Partner hart und dominant. Das ist für die Kinder nicht gut, weil dadurch in der Familie eine angespannte Stimmung herrscht und wenig Harmonie vorhanden ist. Es gibt vielmehr Streitpunkte zwischen der Mutter und den Kindern, welche die Atmosphäre vergiften. Wenn die Mutter dauernd den Chef spielt, müssen sich die Kinder gegen die Mutter auflehnen, weil sie sich immer gegen denjenigen auflehnen, der für die Stabilität sorgt. Nur ist es für eine Frau mit mehr energetischem und emotionalem Aufwand verbunden, diese Stabilität herzustellen, als es für einen Mann der Fall ist. Es ergibt sich also eine kühle und angespannte Stimmung zwischen Mutter und Kindern. Und das ist schade.

Eine weitere Folge ist, dass die Frau, ganz im männlichen Prinzip gefangen, nicht mehr die gleiche Anziehungskraft auf ihren Mann ausübt, als wenn sie die weiblichen Qualitäten leben würde. Dies ist einfach zu erklären: Männliche Energie sucht nach der Ergänzung der weiblichen Energie und umgekehrt. Wenn nun die Frau aber die männlichen Energien auslebt, wirkt sich das negativ auf die magnetische Kraft des Paares aus und die Anziehungskraft nimmt ab.

Ich habe viele Paare begleitet, die aus intellektuellen Überlegungen heraus beschlossen haben, exakt die gleichen emotionalen Aufgaben innerhalb der Familie zu übernehmen. Jeder kümmert sich um alle Belange. Das lässt sich einfach einrichten, doch es gibt einen großen Haken: Diese Paare laufen immer Gefahr, dass die erotische Spannung verloren geht und mit der Zeit die ganze Sexualität einschläft. Denn wenn beide zu gleichen Teilen beide Energieformen ausleben, heben sich die Gegensätze auf und zwei neutrale Wesen begegnen einander. Aus Neutralität entsteht aber keine sexuelle Anziehung, dafür braucht es die zwei Gegenpole.

Es gibt noch einen dritten, ebenso verheerenden Effekt, wenn die Mutter darauf beharrt, der Chef der Familie zu sein und der Vater nichts dagegen unternimmt: Die Frau verliert den Respekt vor dem Mann. Das wird immer mit diesem schönen Satz umschrieben: »Wissen Sie, Frau Heim, es kommt mir manchmal vor, als hätte ich noch ein weiteres Kind zu Hause!« Es braucht nicht viel Fantasie, um zu erkennen, dass die Beziehung unter dieser Voraussetzung ebenfalls nicht von Leidenschaft geprägt ist. Ich würde sogar sagen, es ist der Anfang vom Ende.

Das Traurige daran ist, dass es eine Art Teufelskreis ist. Die Mutter übernimmt nach der Geburt des Kindes die Hauptbetreuung, was in den ersten Monaten durchaus richtig sein kann. Der Vater nimmt sich zurück, in der Meinung, so die Mutter indirekt optimal zu unterstützen. Diese wohlmeinende Herangehensweise muss aber von beiden mit der Zeit bewusst durchbrochen werden, damit jeder seinen Platz einnehmen und seine Aufgaben erfüllen kann.

Der Vater kann seinen Platz allerdings nur einnehmen, wenn die Mutter dies zulässt. Dahinter steckt ein verstecktes energetisches Machtgefälle zwischen Mutter und Vater, und es lohnt sich, dieses aufzudecken. Die Mutter weiß immer mit absoluter Gewissheit, dass sie die Mutter des Kindes ist. Diese Gewissheit gibt es für den Vater nicht in gleichem Maße. Die Zahlen der Kuckuckskinder sind erschreckend hoch, aufgrund der hohen Dunkelziffer lassen sie sich nicht abschließend ermitteln. *Zudem ist es biologisch gesehen so,* dass die Aufgabe des Vaters – die Zeugung – innerhalb eines einzigen Moments erfüllt ist. Die Aufgabe der Mutter – das Austragen, Gebären und Ernähren des Kindes – aber wesentlich mehr Zeit beansprucht. Aus diesen Gründen entsteht die vermeintliche energetische Überlegenheit der Mutter.

Heutzutage ist es so, dass Frauen glücklicherweise selbst in der Lage sind, ihren Lebensunterhalt zu verdienen. Es ist möglich, dass eine Frau völlig selbstständig eines oder mehrere Kinder großzieht. Selbst wenn der Vater in der Familie lebt, kann es passieren, dass die Mutter im Alltag quasi allein für die Kinder verantwortlich ist, entweder weil es eine bewusste Entscheidung des Paares war oder weil es sich so entwickelt hat. Dies wird von den Frauen gern so beschrieben: »Es würde ohne ihn funktionieren.« Wie oft habe ich diesen Satz schon gehört!

Ja, die Mutter könnte den Alltag ohne den Vater leisten. Das ist aber kein Qualitätsmerkmal für die Position der Mutter innerhalb der Familie. Im Gegenteil, für die Paarbeziehung und sogar für die Kinder hat eine solche innere Haltung schwerwiegende Konsequenzen. Gerade weil es faktisch möglich wäre, als Frau die Kinder allein aufzuziehen, ist es wichtig, dass die Frau dem Mann zeigt, wie wichtig er emotional für sie selbst und für das Gelingen des Familienlebens ist. Wilfried Nelles sagt: »Hinzu kommt, dass die Präsenz des Mannes in den meisten Familien unterentwickelt ist. Mit Präsenz meine ich nicht nur die Zeit seiner Anwesenheit. Ein Mann kann auch dann eine hohe Präsenz in seiner Familie haben, wenn er die Woche kaum zu Hause ist. Es hängt zum größten Teil davon ab, ob die Frau ihn als ihren Mann und den Vater der Kinder achtet. Denn die Frau ist das Gravitationszentrum der Familie, ihr Verhältnis zum Mann bestimmt entscheidend dessen Position.«[13]

Vordergründig formulieren die Mütter ihre Unabhängigkeit, gleichzeitig werfen sie dem Partner aber innerlich seine emotionale Distanz und vielleicht sogar seine berufsbedingte Abwesenheit unter der Woche vor. Sie betonen, dass sie alles im Griff haben, sehnen sich aber trotzdem danach, sich beim Partner anlehnen zu dürfen. Das Problem dabei ist nicht der Wunsch nach Unterstützung, sondern das Ausschließen des Partners aufgrund der eigenen Möglichkeiten der Unabhängigkeit.

Dabei wäre es so einfach: Die Mutter überlässt dem Vater ganz bewusst die Rolle des Chefs, die man auch als Beschützer der Familie beschreiben kann, und erlaubt sich somit, die eigene weiche Seite mehr zu leben. Dies ist auch deswegen wichtig, weil die Kinder sowohl die weibliche als auch die männliche Energie von ihren Eltern brauchen. Sie können die weibliche Energie aber nur von der Mutter und die männliche Energie nur vom Vater bekommen. Eine Mutter, die das männliche Prinzip lebt, gibt keine männliche Kraft weiter, das kann nur der Vater. Sie wiederum kann die weibliche Energie nur dann an die Kinder weitergeben, wenn sie sie selbst lebt. So sind die Energien innerhalb der Familie ausgeglichen und die Kinder mit allem versorgt, was sie brauchen.

Es verwundert Sie vielleicht, dass ich nur aufzeige, was passiert, wenn die Mutter die Vaterrolle übernimmt und nicht umgekehrt. Ganz ehrlich, ich habe es sehr selten gesehen, dass der umgekehrte Fall eingetreten ist, und wenn, dann hat es interessanterweise weniger Schaden innerhalb der Familie angerichtet. Wenn der Vater sich als das emotionale Zentrum versteht, dann meistens, weil er entweder verwitwet ist oder die Kinder aus anderen Gründen keinen Kontakt mit der Mutter haben. In seltenen Fällen auch, weil die Mama an einer psychischen Erkrankung leidet oder sonst nicht in der Lage ist, verbindend zu wirken. Dann ist es für die Kinder gut, dass der Papa sich zum Zentrum macht und alles zusammenhält.

Väter haben weniger die Tendenz, das Zentrum an sich zu reißen, als Mütter Gefahr laufen, sich in die Chefrolle zu stürzen. Es passiert viel eher, dass der Vater gar keine Aufgabe wahrnimmt oder die Mutter nicht zulässt, dass sich der Vater seiner Rolle entsprechend in die Familie eingibt. Dahinter steht der Irrtum, die Mutter sei für die Kinder die wichtigere Bezugsperson als der Vater. In Wahrheit sind beide Elternteile für ihre Kinder von gleicher emotionaler Bedeutung.

Wenn Eltern die absolute Gleichheit anstreben

Manchmal entscheiden sich Eltern aus Überlegungen der Gleichwertigkeit der Geschlechter, dass sie beide sowohl väterliche als auch mütterliche Aspekte leben wollen. Dabei gibt es aber ein Problem: Das Paar läuft Gefahr, in dieser intellektuell erschaffenen Gleichheit in eine Neutralität zueinander abzugleiten. Und dann sind wir wieder bei dem Punkt, dass die Anziehungskraft schwächer wird. Das ist der Moment, indem mir das Paar im Brustton der Überzeugung versichert, dass sie »ein tolles Team« sind. Und wenn ich dann einzeln mit ihnen spreche, stellt sich heraus, dass einer von ihnen heimlich in jemand anderen verliebt ist oder sogar eine Affäre hat. Oder dass sich sonst Anzeichen einer Sinnkrise erkennen lassen. Vereinfacht gesagt: Es schadet der Paarbeziehung, wenn man zu sehr auf Gleichheit pocht.

Ich möchte es darum noch einmal klar sagen: Mann und Frau sind absolut gleichwertig, haben aber innerhalb der Familie unterschiedliche Aufgaben. Die Natur hat es so eingerichtet, dass ein Kind nur aus der Verschmelzung der weiblichen und männlichen Energien entstehen kann. Denn bei jeder Zeugung, auch wenn sie im Reagenzglas stattfindet, kommt ein männliches

Element, das Spermium, mit einem weiblichen Element, der Eizelle, zusammen. Zwei Eizellen ergeben kein Kind und zwei Spermien allein auch nicht. Genau deswegen braucht eine Familie zwei entgegengesetzte energetische Pole. Und es spart ganz einfach Energie und Aufwand, wenn man die Aufgaben der natürlichen Energie entsprechend aufteilt. Diese Aufgaben sind auch nur in Bezug auf die Kinder zu verstehen und nicht auf die anderen Elemente, die es für das Familienleben braucht.

In meiner Praxis sehe ich immer wieder auf eindrückliche Weise, dass das Einhalten der Familienhierarchie typische Probleme, die im Familienalltag auftauchen können, ganz einfach löst. Sogar dann, wenn die Eltern dieser Idee der Hierarchie gegenüber zuerst skeptisch eingestellt sind. Lassen sie sich darauf ein, werden sie wundersame Veränderungen im Verhalten der Kinder und in der Qualität der Beziehung der einzelnen Familienmitglieder untereinander feststellen.

Die Perspektive der Kinder

Ich möchte dieses Kapitel abschließen mit dem Hinweis, dass ich bis hierhin die hierarchischen Energiestrukturen aus einer Außenperspektive beschrieben und die emotionale Bedeutung von Vater und Mutter für die Kinder außer Acht gelassen habe. Dabei ist gerade diese Bedeutung ein zentrales Element der energetischen Grundsätze:

Mama und Papa sind für die Kinder gleich wichtig.

Kinder spüren die energetische Familienhierarchie, wie sie natürlicherweise gegeben ist. Leben die Eltern nun vertauschte Rollen, entsteht daraus eine Spannung, die sich negativ auf die Kinder auswirkt. Das Einhalten der Hierarchie gibt den Kindern Sicherheit. Die Liebe der Kinder richtet sich aber in keinster

Weise danach. Kinder lieben beide Elternteile genau gleich. Sie machen keine Unterscheidung zwischen Mama und Papa – sie brauchen beide Elternteile und sie vergeben ihre Zuneigung zu gleichen Teilen. Und genau deswegen gibt es zwischen den Elternteilen keinen Unterschied in der gefühlten Bedeutsamkeit für die Kinder. Für Kinder sind beide Eltern gleich wichtig. Nur wenn die Eltern diesen Umstand anerkennen und sich in ihren Handlungen danach richten, geht es den Kindern gut. Versucht ein Elternteil, die Wichtigkeit des anderen vor den Kindern zu schmälern, leiden die Kinder, und schlussendlich leidet auch die eigene Beziehung zu den Kindern.

Die Eltern-Kind-Beziehung

Dieses Buch handelt davon, wie man eine harmonische und starke Eltern-Kind-Beziehung erreichen kann. Also wird es Zeit, dass ich mich vertieft dieser Beziehungsform widme. Es ist mit Sicherheit die Beziehung, die uns alle am meisten prägt. Sie ist die Grundlage unserer sozialen Kompetenzen. Die Beziehung zu den Eltern ist für das Kind die erste Gelegenheit, mit der Außenwelt in Kontakt zu kommen. Sie ermöglicht einerseits schützende Nähe und andererseits das erste Erkennen, dass das Kind ein anderes Wesen ist als seine Mutter oder sein Vater. Die Eltern-Kind-Beziehung zeichnet sich aus durch dieses Spannungsfeld von Nähe und Distanz. Nur wenn es Eltern und Kindern gelingt, eine gute Balance zwischen diesen beiden Polen zu finden, ergibt sich daraus eine harmonische und tragfähige Beziehung. Symbiotische Nähe erdrückt das Kind, durch kaltherzige Distanz wird das Kind emotional im Stich gelassen. Elternsein ist eine große Aufgabe, auf die man nie richtig vorbereitet ist. Deswegen steige ich in dieses Kapitel ein mit dem Prozess des Eltern-werdens.

Eltern werden – Eltern sein

Mutter oder Vater zu werden, ist die größte natürliche Veränderung, die sich im eigenen Leben ereignen kann. Und es ist vor allen Dingen die einzige unwiderrufliche natürliche Veränderung.[14] Wenn ich einen neuen Job annehme, und es gefällt mir an der Arbeitsstelle nicht, kann ich wieder kündigen. Wenn ich nach Australien auswandere und mich nicht wohlfühle, kann ich wieder nach Hause kommen. Wenn ich heirate und nach einer gewissen Zeit merke, dass ich diese Beziehung nicht weiterführen möchte, kann ich mich scheiden lassen. Wenn ich ein Kind bekommen habe, so bleibt dieser Mensch mein ganzes Leben lang mein Kind. Nichts, was ich tue oder was mein Kind tut, wird daran irgendetwas ändern. Mein Kind bleibt für immer mein Kind. Auch wenn ich mich überfordert fühle, auch wenn ich aufgrund des Schlafmangels in der ersten Zeit völlig übernächtigt bin, auch wenn ich nicht weiß, was ich gegen die jugendliche Rebellion meines Kindes unternehmen soll – bei allen Herausforderungen bleibt es doch mein Kind. Die Aufgabe als Eltern kann man nicht zurückgeben. Sogar Eltern, die ihre Kinder zur Adoption freigeben oder sich sonst aus dem Staub machen, bleiben die Eltern ihrer Kinder und haben gerade durch ihre Abwesenheit einen großen Einfluss auf das Wohlbefinden der zurückgebliebenen Kinder.

Insbesondere der Aspekt des Unwiderruflichen führt dazu, dass viele Eltern nach der Geburt des ersten Kindes erst einmal überfordert sind. Die gesellschaftlichen Veränderungen der letzten 150 Jahre mit der Konzentration der Familiengestaltung auf die Kleinfamilie hat dazu geführt, dass ein Mythos über das Elternsein entstanden ist. Dieser lautet: Mütter und Väter lieben ihr Kind auf den ersten Blick.

Stimmt so leider nicht. Warum? Wenn ein Kind zur Welt kommt, sind die Eltern mit einem ihnen unbekannten Menschen konfrontiert. Als ich auf der Wöchnerinnenstation gearbeitet habe, war ich immer wieder fasziniert zu sehen, dass schon Neugeborene eigene Persönlichkeiten sind. Ein Kind, das zur Welt kommt, ist kein unbeschriebenes Blatt. Es bringt bereits eine Persönlichkeit mit, es hat Vorlieben und Abneigungen. Es gibt Babys, die überhaupt nicht gern baden, obwohl man meinen könnte, dass sie das an die wohlige Zeit im Fruchtwasser erinnert. Es gibt Babys, die möchten nicht getragen werden, obwohl alle Erwachsenen davon ausgehen, dass Körperkontakt für kleine Kinder das Beste ist. Es gibt Babys, die lieben das Geräusch des Föns und lassen sich dadurch vortrefflich beruhigen, obwohl man meinen könnte, laute Geräusche würden einen so kleinen Menschen erschrecken. Ein Neugeborenes ist ein fertiger Mensch, den man als Eltern und Angehörige zuerst einmal kennenlernen muss.

Und das dauert manchmal seine Zeit. Es kann sein, dass Eltern erst nach ein paar Wochen oder Monaten ihr Kind so gut kennen, dass sie es lieben lernen. Nach der Geburt schüttet die Frau Hormone aus, die dafür sorgen, dass sie eine starke Bindung zum Kind entwickelt und sich um sein Wohlergehen sorgt. Bindung und Liebe sind aber zwei verschiedene Dinge. Die Strapazen von Schwangerschaft und Geburt und gerade die hormonelle Umstellung können dazu führen, dass eine Frau, die zum ersten Mal Mutter wird, zu Beginn nicht von Liebe erfüllt wird, sondern schlichtweg überfordert ist. Sie muss das praktische Handling eines Neugeborenen erlernen, sie muss ihren Tagesablauf komplett auf die Bedürfnisse eines kleinen Schreihalses einstellen, und wenn sie stillt, muss sie ihren Körper mit einem anderen Menschen teilen. Gleichzeitig wird von ihr erwartet, dass sie selig lächelnd durch die Zeit des Wochenbetts spaziert und mütterliche Wärme ausstrahlt.

Der Vater ist während der Schwangerschaft und nach der Geburt mit einer sich stark verändernden Frau konfrontiert und muss sich um ein kleines Baby kümmern, das ihm nicht sagen kann, was es braucht. Er muss erst einmal in der Lage sein, die Signale des Babys richtig zu deuten. Er muss lernen, ein Kind zu wickeln; er muss nachts aufstehen, auch wenn am nächsten Morgen eine wichtige Sitzung im Büro ansteht. Er kommt abends müde von der Arbeit heim und hat keine Sekunde Pause, weil sein Baby den Tag verarbeiten muss und erst einmal zwei Stunden schreit. Und dabei soll er ein stolzer und glücklicher Vater sein.

Ganz ehrlich, die erste Zeit mit einem Baby ist anstrengend. Der Prozess des Elternwerdens fordert die gesamte Zeit, Aufmerksamkeit und Energie, die ein Mensch aufbringen kann. Aber darüber wird man im Vorfeld nicht informiert. Da wird man einfach ins kalte Wasser geschubst und muss sehen, dass man nicht untergeht.

Es gibt Eltern, die gleich bei der Geburt die tiefe Liebe zu ihrem Kind spüren, die ihnen die Kraft gibt, all das mit Leichtigkeit zu meistern. Es gibt aber auch Eltern, die erst Zeit brauchen, um sich auf das Kind einlassen zu können.

Der Beziehungsaufbau zum Kind

Auch die Beziehung zu einem Kind baut sich über verschiedene Schritte auf:

1. Man sieht sein Kind.
2. Man lernt es besser kennen.
3. Man liebt sein Kind.
4. Man nimmt die Aufgabe als Vater oder Mutter innerlich an.

Die Beziehungsentstehung zwischen Eltern und Kind ist durch andere Grundschritte gegeben, als dies bei einem Liebespaar der Fall ist. Aber auch in der Eltern-Kind-Beziehung gilt, dass es einen Beziehungsaufbau braucht und alle Eltern diese Schritte durchlaufen. Die Reihenfolge der Schritte ist individuell, aber es kann kein Schritt ausgelassen werden.

Es ist nicht in jedem Fall so, dass sich die Mutter und der Vater am Tag der Geburt schon hundertprozentig auf das Kind einlassen können. Das ist auch nicht zwingend notwendig. Es darf eine Weile dauern, bis eine so wichtige Beziehung, die für den Rest des Lebens Bestand haben wird, aufgebaut ist. Wichtig ist nur, dass irgendwann der Moment kommt, wo man sich innerlich ganz bewusst seinem Kind zuwendet.

Wenn Sie als Vater nach der Geburt Ihres Kindes das Gefühl

haben, Sie könnten keine Verbindung zu Ihrem Kind spüren, oder wenn Sie als Mutter eine schwierige Geburt hatten und Ihnen Ihr Kind ganz fremd vorkommt, so kann es dem Beziehungsaufbau dienlich sein, wenn Sie Ihr Kind herzlich in Ihrem Leben willkommen heißen. Eine schöne Form ist es da, dem Kind einen Liebesbrief zu schreiben.

Übung »Liebesbrief ans Kind«

Nehmen Sie sich einen Moment Zeit ganz für sich. Schreiben Sie Ihrem Kind – am besten handschriftlich – einen Brief und heißen es in Ihrem Leben herzlich willkommen. Sie können ihm erzählen, wie es für Sie war, als Sie erfahren haben, dass Sie Mutter bzw. Vater werden. Sie können ihm berichten, wie Sie sich nun nach seiner Geburt fühlen und was Sie sich für sein Leben wünschen. In diesem Brief dürfen Sie ebenso Ihre Ängste und Sorgen erwähnen. Alle Gefühle zu Ihrem Kind sind wichtig und richtig. Und dann schreiben Sie zum Abschluss des Briefes, wie sehr Sie Ihr Kind lieben und dass es Ihr ganzes Leben lang einen Platz in Ihrem Herzen haben wird.

Anschließend können Sie den Brief verbrennen, damit er rein energetisch wirken kann, oder Sie bewahren ihn auf, um ihn später einmal dem Kind zu zeigen, ganz wie Sie möchten. Sie werden sehen, das Schreiben führt dazu, dass sich das liebevolle Gefühl für Ihr Kind noch intensiviert.

Es ist nicht nur so, dass Eltern nach der Geburt des Kindes einen ihnen erstmals fremden Menschen besser kennen- und lieben lernen müssen. Es geht auch darum, dass aus einer Zweierkonstellation plötzlich eine Dreierkonstellation geworden ist. Aus dem Paar wurde eine Familie. Wenn zwei Menschen als Paar zusammen sind, muss sich jeder von ihnen auf eine andere Person einlassen. Wenn das Kind nun als dritter Mensch in die Familie hineinkommt, müssen sich die Erwachsenen nicht nur auf den Partner, sondern auch auf das Kind einlassen. Es gibt nun nicht mehr eine Verbindung, sondern drei. Man kann sich das als energetisches Dreieck vorstellen.

1. Die Verbindung zwischen Mann und Frau.
2. Die Verbindung zwischen Mutter und Kind.
3. Die Verbindung zwischen Vater und Kind.

Diese Verbindungen wollen alle gelebt sein. Es gibt plötzlich nicht mehr nur eine Beziehung, sondern drei verschiedene Beziehungen, die unter einen Hut gebracht werden müssen. Und es sind unterschiedliche Beziehungen mit unterschiedlichen Bedürfnissen und Aufgaben, die dahinterstehen. Das haben wir im Kapitel zur Familienhierarchie bereits gesehen.

Ich kenne viele Paare, die nach der Geburt des Kindes trotz aller Freude der Zeit nachtrauern, in der sie »nur« ein Paar waren. Gerade wenn ein Kind zur Welt kommt, auf das sich die Eltern sehr freuen, wird häufig vergessen, dass ein wichtiger Lebensabschnitt zu Ende geht. Die Geburt des Kindes ist gleichzeitig der Tod der Zeit, als die Eltern nur zu zweit waren. Als die Liebesbeziehung die einzige Beziehung in dieser Gruppe war. Ein kleines Ritual kann dabei helfen, dass man sich ganz auf die neue Lebensform einlassen kann.

Übung »Abschied von der exklusiven Zweierbeziehung«

Diese Übung macht man idealerweise gegen Ende der Schwangerschaft, bevor das Kind zur Welt kommt. Man kann sie aber auch nachholen, wenn das Kind bereits geboren ist. Wichtig ist, dass man sich dafür einen Abend oder sogar einen ganzen Tag Zeit nimmt. Feiern Sie mit Ihrem Partner oder Ihrer Partnerin, dass Sie sich als Paar gefunden haben. Sie können im Restaurant schön essen gehen, noch einmal eine große Wanderung zu zweit unternehmen oder gemeinsam ins Kino gehen. Und dann sagen Sie sich gegenseitig, was Sie an der Zeit zu zweit besonders geliebt haben. Würdigen Sie diese Lebensform, indem Sie aussprechen, was am Leben zu zweit schön war. Schreiben Sie auf, welche Unternehmungen, Gefühle, Erlebnisse Sie in Ihrer Beziehung verbunden haben. Diese Liste heben Sie auf und schauen sie mindestens einmal im Jahr an. Welche Unternehmungen könnten Sie trotz Elternschaft wiederholen? So können Sie das, was Sie beide verbindet, auch mit Kindern wiederaufleben lassen.

Das Leben mit Kindern wird anders sein als das Leben als Liebespaar ohne Kinder. Wenn Sie diese Zeit bewusst abschließen, fällt es leichter, sich auf das kommende Leben als Familie einzulassen. Etwas abschließen gelingt am besten, indem man es würdigt. Also feiern Sie auf Ihre persönliche Art und Weise, dass Sie ein Liebespaar sind. Und machen Sie sich gemeinsam bereit für den neuen Lebensabschnitt als Eltern.

Ein Kind verändert die Liebesfähigkeit. Es ist vermutlich die tiefste Liebe, die man als Mensch empfinden kann. Aber sie ist wie jede andere Liebe auch ein Gefühl, das wachsen darf. Genau wie Sie in die konkreten Aufgaben als Vater oder Mutter hineinwachsen dürfen.

In die Elternrolle hineinwachsen

Der Prozess des Elternwerdens ist geprägt von unzähligen Fragen und Unsicherheiten. Woher weiß ich, was mein Kind braucht? Bin ich eine gute Mutter/ein guter Vater? Werde ich die richtigen Entscheidungen treffen? Was ist, wenn ich einen Fehler mache und meinem Kind Schaden zufüge?

Ich glaube, alle Eltern stellen sich kurz nach der Geburt des Kindes diese Fragen. Auch da helfe ich gern mit einer Metapher: Elternwerden kann man mit dem Wachstum eines Baumes vergleichen. Bei der Zeugung wird der Samen des Baumes gepflanzt. Während der Schwangerschaft keimt der Samen in der Erde. Bei der Geburt streckt sich ein kleiner Trieb aus der Erde. Und dann fängt der Baum an zu wachsen. Zu Beginn der Elternschaft ist es ein kleines zartes Pflänzchen, das erst noch stark werden muss. Aber das macht nichts. Das Kind ist auch noch zart und klein und die Eltern haben Zeit, in ihre Rolle hineinzuwachsen. Ein Baby braucht Liebe, Körperkontakt, Nahrung und ein warmes Zuhause. Gemeinsam mit dem Kind wächst die Kompetenz der Eltern, weil sie das Kind immer besser kennenlernen und gleichzeitig in ihre Rolle hineinwachsen. Erst wenn das Kind in die Pubertät kommt, braucht es Eltern, die sich in ihrer Elternschaft stark wie eine 100-jährige Eiche fühlen. Dann hilft es, wenn die Eltern sich in der Lage sehen, allen Stürmen zu trotzen. Das muss aber nicht bereits bei der Geburt des Kindes so sein.

Ich stelle immer wieder fest, dass Väter und Mütter sich selbst in Stress bringen, weil sie meinen, sie müssten in den ersten Lebenswochen des ersten Kindes bereits erfahrene Eltern sein, die mit allem souverän umgehen können. Das ist gar nicht nötig! Eltern dürfen sich Zeit geben, sich als Eltern zu etablieren. Und wenn ganz zu Beginn noch Unsicherheiten da sind, so schadet das dem Kind nicht. Das Baby ist auch noch damit beschäftigt, das Leben kennenzulernen, und hat Bedürfnisse, die man relativ einfach stillen kann.

Mein Rat: Wenn Sie frisch Mama oder Papa geworden sind und sich unsicher fühlen, dann holen Sie sich Unterstützung. Suchen Sie eine Hebamme, fragen Sie Ihre Eltern, sprechen Sie mit Ihren Freunden über Ihre Ängste oder gehen Sie in eine begleitete Elterngruppe. Früher wurde das Wissen, wie man Kinder großzieht, von Generation zu Generation weitergegeben. Heute sind viele Kleinfamilien ganz auf sich gestellt in einer Gesellschaft, in der stetiger Erfolg erwartet wird. Dies kann zu hohem Druck führen. Tappen Sie nicht in diese Falle, sondern lassen Sie sich von erfahrenen Eltern oder Fachpersonen helfen. Da es keine »Elternschule« gibt, in der man das Elternsein lernen kann, sind frischgebackene Eltern auf ein gutes Umfeld angewiesen. Es gibt ein afrikanisches Sprichwort, das besagt, es brauche ein ganzes Dorf, um ein Kind großzuziehen. Leider vergessen das viele Eltern. Gemeinschaft kann helfen, Unsicherheiten abzubauen.

Wenn ich ein Rezept aufstellen müsste, wie man sich optimal auf die Rolle als Vater oder Mutter einlassen kann, würde ich dafür drei Punkte formulieren.

1. Bewusst Abschied nehmen von der exklusiven Zweierbeziehung.
2. Sich bewusst machen, dass man nun Vater oder Mutter ist.
3. Sich selbst Zeit geben, in die neue Rolle hineinzuwachsen.

Ich beobachte in der Praxis häufig ein Phänomen, welches ich als »Mama-Schock« bezeichnen möchte. Es tritt sehr häufig auf, vor allem bei Müttern, die nach dem 30. Lebensjahr Mutter werden und lange Zeit autonom gelebt haben. Die Einschränkungen, die einem ein Neugeborenes auferlegt, können zu starken emotionalen Beeinträchtigungen führen. Dies erklärt auch, warum viele Mütter an einer postnatalen Depression leiden. Der Prozess des Mutterwerdens geht einher mit der vorübergehenden Begrenzung der eigenen Freiheit. Viele Frauen fühlen sich nach der Geburt des ersten Kindes wie ferngesteuert. Die Fremdbestimmung durch die Bedürfnisse des Babys kann zu Verzweiflung, Überforderung und sogar emotionaler Distanz zum eigenen Kind führen.

Frau Dengler kommt zu mir, weil sie als Mutter unglücklich ist. Sie liebt ihre Tochter, die inzwischen zwei Jahre alt ist, sehr, aber sie fühlt sich ihrer Aufgabe als Mutter nicht gewachsen. Sie sehnt sich nach ihrem Leben zurück, als sie in völliger Freiheit über ihre Zeit verfügen konnte. Sie erklärt mir ihr Gefühl so: »Ich schaue meine Tochter an und denke, ›Was willst du von mir?‹. Dabei fühle ich mich leer und hilflos.«

Ich mache daraufhin mit Frau Dengler eine starke energetische Übung. Wir nehmen uns viel Zeit dafür und gegen Schluss laufen ihr die Tränen über die Wangen. Beim Abschied sagt sie mir: »Jetzt nach zwei Jahren fühle ich mich endlich als die Mutter meiner Tochter. Vielen Dank dafür!«

Ich empfehle diese Übung allen Müttern und Vätern. Sie hilft dem Unterbewusstsein, sich ganz auf die neue Lebensaufgabe einzustellen und stärkt die Beziehung zum Kind.

Übung »Die Elternschaft anerkennen«

Sie können die Übung rein mental, in der Vorstellungskraft machen oder, wenn Ihr Kind noch ein Baby ist, im direkten Kontakt zum Kind, indem Sie mit ihm sprechen.

Stellen Sie sich vor, Sie halten Ihr Kind auf dem Schoß und sehen ihm in die Augen. Sie sagen zu Ihrem Kind: »Ich bin deine Mama/ich bin dein Papa und du bist mein Kind.«

Auch bei dieser Übung ist die innere Ernsthaftigkeit entscheidend. Wiederholen Sie den Satz so lange, bis er sich stark, echt und wahrhaftig anfühlt und Sie von seiner Richtigkeit überzeugt sind.

Der Satz hat eine enorme Kraft. Er verdeutlicht die Wahrheit Ihres neuen Lebensabschnittes und führt Sie in die neue Aufgabe hinein.

Sie können die Übung immer dann durchführen, wenn Sie entweder das Gefühl haben, die Beziehung zu Ihrem Kind sei in irgendeiner Form belastet, oder wenn Ihr Kind vorübergehend mehr Unterstützung benötigt. Gerade wenn es einmal schwierig ist, können Sie mit diesem Satz und der damit verbundenen inneren Haltung gegenüber Ihrem Kind die Beziehung stärken und harmonisieren. Das Schöne an der Übung ist, dass sie nie an Aktualität verliert. Gerade weil man sein Leben lang Vater oder Mutter des eigenen Kindes bleibt, hat der Satz »Ich bin dein Vater/ich bin deine Mutter und du bist mein Kind« in jeder Lebensphase des Kindes eine stärkende Wirkung. Sowohl für die Eltern als auch für das Kind. Dieser Satz stellt alle wieder auf den richtigen Platz innerhalb des Familiensystems. Man stärkt dem Kind den Rücken und schenkt sich selbst die Kraft, die Aufgabe als Mutter oder Vater optimal zu erfüllen.

Die Großen und die Kleinen

»Wir sind deine Eltern und du bist unser Kind« – diese Haltung schafft automatisch zwei Ebenen innerhalb der Familie. In der Familie gibt es mehrere energetische Ebenen, die nicht miteinander verschmelzen sollten.

> **Die Eltern sind energetisch gesehen in Bezug auf ihre Kinder die Großen und die Kinder sind in Bezug auf ihre Eltern gesehen die Kleinen.**

Das ist der vierte energetische Grundsatz. Man kann sich das wie eine Treppe vorstellen. Die Eltern stehen auf einer höheren Treppenstufe und die Kinder auf einer unteren Treppenstufe. Oberhalb der Eltern gibt es wiederum eine höhere Stufe, darauf stehen die Großeltern und auf der Stufe über den Großeltern stehen die Urgroßeltern. So hat jede Generation in der Familie eine eigene energetische Treppenstufe.

Für das Wohlbefinden der Kinder ist es ganz entscheidend, dass sie spüren dürfen, dass sie *nicht* auf der gleichen Stufe stehen wie die Eltern. Das ist darum entscheidend, weil die Großen diejenigen sind, welche den Kleinen Energie spenden. Der Energiefluss innerhalb der Familie geht immer von oben nach unten. Die Großen kümmern sich um die Kleinen. Und nicht umgekehrt!

Dessen sind sich viele Eltern und somit auch viele Kinder nicht bewusst. Oftmals entsteht für alle Familienmitglieder der Eindruck, es gebe nur eine Ebene innerhalb der Familie. Dahinter stehen zwei verschiedene Bewegungen. Entweder die Eltern stellen ihr Kind unbewusst auf die gleiche Stufe wie sich selbst oder das Kind folgt seinen Eltern eine Stufe höher, um etwas auszugleichen. Die Bewegungen sind unabhängig vom Alter der Kinder. Fünfjährige Knirpse können ebenso auf der falschen Stufe stehen wie Teenager oder Erwachsene, die meinen, es gebe nun aufgrund ihres Erwachsenseins keine Hierarchie mehr in der Familie. Das ist ein großer Irrtum. Es tut gut, sich diese Stufenregelung auch in Bezug auf die eigenen Eltern zu überlegen. Denn da gilt das genauso.

Woran erkennt man, ob das eigene Kind auf der richtigen Stufe steht? Kinder auf der richtigen Stufe sind unbeschwert, können gut entspannen, lassen sich durch Erziehung einfach führen, suchen von sich aus Körperkontakt mit den Eltern, kümmern sich nur um ihre eigenen Angelegenheiten, können in ihrem eigenen Bett schlafen, akzeptieren ein Nein der Eltern, fühlen sich auch bei anderen Bezugspersonen sicher und sind gern mal frech und wild.

Kinder auf der falschen Stufe möchten nicht allein sein, versuchen zwischen den Eltern zu vermitteln oder beziehen immer Stellung für ein bestimmtes Elternteil. Sie äußern von sich aus, dass sie der Chef der Familie sind, akzeptieren kein Nein, sind altklug, möchten im Bett der Eltern schlafen, gehen nicht gern zu Freunden zum Spielen, möchten immer unter Kontrolle haben, wo die Eltern gerade sind und was sie machen. Kinder auf der falschen Stufe können schlecht einschlafen, wollen abends möglichst nicht ins Bett und zeigen Anzeichen von Stress. Größere Kinder mischen sich zudem in die persönlichen Angelegenheiten der Eltern ein und wollen über alles Bescheid wissen. Sie fühlen sich ausgeschlossen, sobald die Eltern etwas für sich unternehmen. Und das verheerendste: Sie fühlen sich für die Eltern verantwortlich.

Gerade in der Kleinkindphase ist es paradoxerweise sehr häufig der Fall, dass die Eltern die unterschiedlichen Ebenen nicht realisieren. Sie sind so auf ihr Kind fokussiert und ganz fasziniert von diesem kleinen Wesen, dass sie mit ihrem Bemühen, das Wohlbefinden des Kindes zu sichern, vergessen, dass das Kind nur das Kind ist

Es kann zudem passieren, dass die Kinder aktiv auf die Ebene der Eltern »hüpfen«, weil sie entweder meinen, die Eltern energetisch unterstützen zu müssen, oder weil sie die Größe der Eltern nicht anerkennen können. Das ist für die Kinder sehr anstrengend. Hinzu kommt, dass Kinder emotional und faktisch von ihren Eltern abhängig sind, weil die Eltern ihr Überleben sichern. Ohne die Eltern oder andere erwachsene Bezugspersonen würde das Kind nicht überleben. Deswegen wünscht es sich aus tiefstem Herzen, dass es den Eltern gut geht. Aus Liebe zu den Eltern kann es passieren, dass ein Kind versehentlich auf der falschen Stufe steht. Die Ursache liegt häufig darin, dass die Eltern kein gutes Verhältnis zu ihren eigenen Eltern haben oder diese sehr früh verloren haben. Das Kind spürt die Leerstelle auf der Treppe und versucht, die Stufe der Eltern zu stärken, indem es sich kurzerhand dahin stellt. Das hilft allerdings überhaupt nicht, im Gegenteil. Damit schneidet es sich selbst von der versorgenden Energie der Eltern ab. Korrigieren können das aber nur die Eltern.

Es ist die Aufgabe der Eltern, ihre Kinder bewusst auf die untere Treppenstufe zu stellen. Nur da sind die Kinder sicher und mit allem versorgt, was sie brauchen. Das Kind auf die richtige Ebene zu stellen, bedeutet ganz einfach, dass man sich selbst bewusst macht, dass man der Große ist.

Das bedeutet auch, dass die Eltern nicht erwarten dürfen, die Kinder würden sie in irgendeinem Bereich ihres Lebens unterstützen oder gar retten. Kinder haben ihren Eltern gegenüber keinerlei Aufgabe. Wären die Eltern kinderlos geblieben, müssten sie ebenfalls alles allein regeln. Kinder haben den Drang, Dinge so zu handhaben, dass es zum Wohl der Eltern ist. Und davor müssen die Eltern sie beschützen. Sätze wie »Mama, wir schaffen das schon!« von einem Zehnjährigen oder »Papa, du musst nicht traurig sein, ich bin ja da« sind alarmierende Zeichen für eine Verwechslung der Stufen.

Eltern haben keinerlei Ansprüche an ihre Kinder zu stellen. Sie dürfen nicht von ihnen erwarten, dass sie so sind, wie die Eltern sie gern hätten. Viele Eltern gehen aber von einer Zirkularität der Energie aus: Weil ich dich großgezogen habe, darf ich von dir erwarten, dass du alles so machst, wie ich es will. Das ist ein großer, aber leider weitverbreiteter Irrtum. Denn die Kinder sind nur die Kinder, die gar nichts müssen, außer ihr eigenes Leben zu leben.

In dieser Argumentation stütze ich mich auf die Erkenntnisse Bert Hellingers, des Begründers der Therapieform »Familienstellen«. Er hat bereits vor vielen Jahren durch seine wertvolle Aufstellungsarbeit mit Familien erkannt, dass es den Kindern nur dann gut geht, wenn sie positive Energie der Eltern annehmen können, ohne dass die Eltern eine Wiedergutmachung erwarten. Was Eltern ihren Kindern im Laufe ihres Lebens alles ermöglichen, ist enorm viel. Sie schenken den Kindern das Leben, sie ziehen sie auf, sie sorgen dafür, dass die Kinder zu essen haben und zur Schule gehen können. Sie schenken ihnen unendlich viel Liebe, Zeit, Aufmerksamkeit und praktische Unterstützung. Das ist ein unfassbar großes Geschenk. Es ist unmöglich, dass die Kinder den Eltern etwas zurückgeben, was energetisch gesehen den gleichen Wert hat. Sie können nicht wiedergutmachen, was die Eltern ihnen alles Positives getan haben. Aber, und jetzt kommen wir zurück zur Treppe, sie können gleich viel Gutes an ihre eigenen Kinder weitergeben. Dann fließt in der Familie die Energie in die richtige Richtung. Die Großen geben, die Kleinen nehmen. Und wenn sie selbst groß sind, geben sie es wiederum an die Kleinen weiter.[15]

So sind die Kinder energetisch entlastet und können unbeschwert großwerden. Aber wie viel Leid ist in Familien schon entstanden, weil die Eltern diese Regel missachten. Erwartungen, die Kinder beinahe erdrücken, oder Eltern, die sich ihrer Größe nicht bewusst sind – beides bürdet den Kindern eine Last auf, welche die Kinder in ihrer natürlichen Entwicklung hemmt.

Die Eltern sind die Großen, das bedeutet auch, die Eltern tragen die Verantwortung, und sie bestimmen, was läuft. An dieser Stelle möchte ich mich entschieden dafür aussprechen, dass Eltern ihre Erziehungsaufgabe wahrnehmen. Kindern ist nicht geholfen, wenn sie alles entscheiden müssen. Kinder brauchen klare Regeln, die liebevoll, aber nicht starr umgesetzt werden.

Eltern, die sich ihrer Rolle bewusst sind, haben automatisch verinnerlicht, dass sie in Bezug auf das Kind groß sind. Das ist für das Kind enorm wichtig. Es tut Kindern nicht gut, wenn sie von anderen Kindern erzogen werden. Dann haben sie keinen Halt.

»Meine Mutter ist meine beste Freundin.« Diesen Satz haben Sie bestimmt auch schon mal gehört. Meistens wird er mit Stolz verkündet. Aber ganz ehrlich, das ist nicht gut. Die Mutter ist die Mutter und eben nicht die Freundin. Sie hat im Leben ihres Kindes eine andere Aufgabe zu erfüllen. Auch der Vater muss nicht der beste Kumpel sein, er muss sein Kind auf das Leben vorbereiten und es bei seinen Entwicklungen begleiten.

Es ist nicht erstrebenswert, dass die Eltern ihr Großsein zugunsten einer übertrieben freundschaftlichen Nähe verspielen. Denn dann steht das Kind wiederum auf der falschen Stufe. Es erfährt eine Erhöhung, die ihm nicht zusteht und ihm nicht guttut. Das Kind muss in Bezug auf die Eltern klein sein dürfen.

Das heißt auch, die Eltern müssen negative Emotionen ihrer Kinder aushalten. Sie müssen aushalten, dass das Kind traurig wird, wenn es nach dem Abendessen nicht mehr draußen spielen darf. Sie müssen damit klarkommen, dass die Kinder mit Frustration reagieren, wenn sie die Spielkonsole ausschalten müssen. Die Eltern müssen sogar in Kauf nehmen, dass ihre Kinder sie einmal doof finden, weil sie die Gründe für eine Erziehungsmaßnahme nicht verstehen oder nicht verstehen wollen. Groß sein bedeutet, die Eltern haben den gesamten Entwicklungsverlauf ihrer Kinder im Blick und entscheiden aus einer langfristigen Perspektive, was zum Wohl des Kindes ist. Auch wenn sie damit im aktuellen Moment die gute Stimmung verspielen.

Gerade Eltern von kleineren Kindern haben häufig die Angst, ihr Kind könne das Vertrauen in die Eltern verlieren, wenn die Eltern die Wünsche des Kindes nicht erfüllen. Die Idee dahinter ist, ein Nein könnte das Urvertrauen des Kindes zerstören. Das ist nicht der Fall, im Gegenteil. Eltern müssen ihre Kinder anleiten und führen, damit es den Kindern gut geht. Gute Eltern sind nicht diejenigen, die ihren Kindern alles erlauben. Gute Eltern sind diejenigen, die es schaffen, selbstbewusste und unabhängige Menschen großzuziehen. Das gelingt nur, indem man die Kinder an die Gegebenheiten des Lebens in unserer Gesellschaft gewöhnt. Nicht, indem man ihnen alles abnimmt und sie vor jedem unangenehmen Gefühl beschützt. Eltern müssen ihre Kinder befähigen, selbstverantwortliche Erwachsene zu werden. Dieser Prozess beginnt bereits im Kleinkindalter, nicht erst, wenn das Kind 20 Jahre alt wird. Kindern ist am meisten gedient, wenn die Eltern sie durch schwierige Situationen begleiten und ihnen helfen, die Situation zu meistern. Es ist ihnen nicht geholfen, wenn die Eltern sie vor jeder eventuell schwierigen Situation zu beschützen versuchen.

Andererseits dürfen Eltern ihre Kinder auch nicht dafür benutzen, eigene emotionale Bedürfnisse abzudecken.

Frau Cantieni ist mit ihrer kleinen Tochter Selina (3) bei mir. Selina leidet unter starker Neurodermitis. Mutter und Tochter scheinen ein sehr inniges Verhältnis zu haben. Selina interessiert sich überhaupt nicht für die bereitgelegten Spielsachen, sondern setzt sich gleich zu Beginn des Gesprächs auf Mamas Schoß. Sie erhält dafür ein zärtliches Lächeln und ein liebevolles Streicheln über den Kopf. Im Gespräch erfahre ich, dass die Neurodermitis vor etwa einem Jahr das erste Mal aufgetreten ist, als Baby hatte Selina keine Beschwerden. Frau Cantieni erzählt mir, dass Selina zudem schlecht einschlafen kann. »Ich lege mich deswegen zum Einschlafen zu ihr ins Bett. Dann klappt es viel besser. Weil ich abends immer so müde bin, bleibe ich gleich die ganze Nacht bei ihr. Gell, Selina, wir zwei Mädels schlafen im selben Bett, das ist schön!« »Was sagt Ihr Mann zu dieser Situation?«, möchte ich wissen. »Ach der!« Frau Cantieni senkt die Stimme. »Wir verstehen uns zur Zeit nicht so gut. Zudem ist er beruflich häufig im Ausland. Ich kann kaum auf ihn zählen.« Die Dynamik ist offensichtlich: Frau Cantieni sucht bei Selina die Nähe, die sie bei ihrem Mann vermisst. Selina hilft das wohl beim Einschla-

fen, gleichzeitig reagiert ihre Haut mit einem heftigen Ausschlag, was darauf schließen lässt, dass sie sich zu wenig abgrenzen kann. So kann eine gut gemeinte Absicht schwierige Konsequenzen haben.

Wenn Eltern versuchen, eigene emotionale Defizite über ihre Kinder zu lösen, werden sie selbst wieder zum Kind. Frau Cantieni hat das unbewusst sogar zugegeben, indem sie von sich und ihrer Tochter als »wir zwei Mädels« gesprochen hat. Es muss nicht immer sein, dass die Eltern ihre Kinder auf eine obere Stufe heben. Sie können sich selbst auch auf die untere Stufe der Kinder stellen. Frau Cantieni verkriecht sich im Kinderzimmer und geht so einer Auseinandersetzung mit ihrem Mann aus dem Weg. Sie verbündet sich mit der Tochter, um nicht die Ehefrau sein zu müssen. Dadurch verliert Herr Cantieni nicht nur seine ebenbürtige Partnerin, Selina verliert auch die Mama, weil die sich energetisch als Schwester präsentiert, die mit ihr gemeinsam im Kinderbett schläft. Leider gibt die Mutter damit auch ihre wahre Größe und Kraft ab. Es wird wohl nicht lange dauern, bis Selina ihr auf der Nase herumtanzen wird, weil sie die Mutter nicht mehr als Autoritätsperson wahrnehmen kann.

Eltern, die sich ihrer energetischen Größe bewusst sind, haben natürlicherweise mehr Autorität. Wenn man sich bewusst macht, dass man selbst groß und das Kind klein ist, fällt es viel leichter, dem Kind Anweisungen zu geben und es anzuleiten. Und, oh Wunder, die Kinder hören besser zu. Sie reagieren viel leichter auf erzieherische Maßnahmen und setzen um, was die Eltern ihnen sagen. Ja, liebe Eltern, ihr müsst euren Kindern Führungskräfte sein, die sagen, wo es langgeht. Jesper Juul brachte in diesem Zusammenhang das Bild der »Leitwölfe«[16] ins Spiel. Kinder brauchen Eltern, die wissen, dass sie die Anführer der Familie sind. Kinder brauchen einen Vater, der ein großer und starker Chef ist. Sie brauchen eine Mama, die weiß, dass sie groß und weitsichtig ist. Dann können die Kinder getrost auf der unteren Treppenstufe verweilen und Kind sein.

Wenn Sie nun das Gefühl haben, dass in Ihrer Familie ein Durcheinander herrscht und es nicht ganz klar ist, wer auf welcher Stufe steht, können Sie folgende Übung machen:

Übung »Ich bin groß, du bist klein«

Sie können diese Übung mental machen oder, wenn Sie einen stärkeren Effekt haben möchten, auch direkt mit Ihrem Kind. Es spielt keine Rolle, wie alt das Kind ist. Die Klarheit hinsichtlich der Treppenstufen ist immer hilfreich.

Nehmen Sie sich einen Moment ungestörter Ruhe mit Ihrem Kind und sagen Sie ihm laut: »Ich bin der/die Große und du bist der/die Kleine.« Sie können es auch so formulieren: »Ich bin die Mutter/der Vater und du bist nur das Kind.«

Es ist zum Wohl von Kindern, diese Sätze zu hören und sie zu verinnerlichen, auch wenn sie im ersten Moment dagegen aufbegehren. Je mehr sie sich dagegen auflehnen, umso mehr haben sie sich an die obere Stufe gewöhnt. Dann hilft es, wenn Sie diese Sätze in Zukunft immer mal wieder wie nebensächlich in die Kommunikation mit Ihrem Kind einfließen lassen. Und wenn Sie meinen, es brauche diesbezüglich noch mehr Klarheit, dann nehmen Sie sich noch einmal Zeit, um es Ihrem Kind in aller Ruhe zu sagen.

Eine Variante der Übung besteht darin, dass Sie sich Rücken an Rücken mit dem Kind auf den Boden setzen. Sie laden Ihr Kind ein, dass es sich an Ihren Rücken lehnen darf. So bekommt es die körperliche Information, dass Sie groß, stark und unverrückbar sind, während das Kind alle Last abgeben darf und sich bei Ihnen anlehnen darf. Das verstärkt die Kraft der Übung zusätzlich.

Wenn Sie die letzten Zeilen aufmerksam gelesen haben, ist Ihnen bestimmt aufgefallen, dass ich formuliert habe: Das Kind ist *nur* das Kind. Das habe ich sehr bewusst so geschrieben, ist es doch der fünfte energetische Grundsatz:

> **Das Kind ist nur das Kind und nicht der Mittelpunkt der Familie.**

Das Kind ist nur das Kind

Kinder zu bekommen, ist der große Traum vieler Frauen und Männer. Für viele Menschen gehören Kinder zu einem gelungenen Lebensentwurf zwingend dazu. Der Glaube, man könne nur mit Kindern glücklich sein, ist weitverbreitet. Gerade weil das Kind der Traum seiner Eltern ist, besteht die Gefahr, dass dem Kind zu viel Bedeutung beigemessen wird.

Wenn ich erschöpfte Mütter begleite, schockiere ich sie nicht selten mit meiner Aussage: »Ihr Kind ist nur Ihr Kind.« Damit es Eltern und Kindern miteinander gut geht, ist es wichtig, dass die Eltern sich bewusst sind, dass ihr Leben auch ohne das Kind komplett ist. Und dass sie selbst auch ohne das Kind ein vollwertiger Mensch sind. Das Kind kommt als Zugabe in das Leben seiner Eltern hinein. Dann bleiben die Eltern in ihrer Kraft und das Kind muss keine übersteigerten Erwartungen erfüllen. Das Kind ist nicht die Erfüllung aller Träume seiner Eltern und es sollte auch nicht der Lebensmittelpunkt seiner Eltern sein.

Menschen in unserer Gesellschaft haben die Chance, verschiedene Lebensbereiche auszuleben. Ausbildung, Job, Beziehungen, Freundschaften, Elternschaft, Hobbys – es gibt viele Möglichkeiten, Erfüllung und Bestätigung zu finden. Die Elternschaft ist nur ein Lebensbereich unter vielen. Natürlich ist es ein sehr wichtiger Bereich. Aber es ist entscheidend, dass Eltern und insbesondere Mütter realisieren, dass die Aufgabe, ein Kind großzuziehen, nicht ihr ganzes Leben bestimmt. Sie sind nicht nur Mutter oder Vater, sondern so viel mehr! Die Elternschaft ist ein Teil des Lebens und das Kind ist ein Teil des Lebens.

Es ist für Kinder emotional entlastend, wenn sie nicht der einzige Lebensinhalt ihrer Eltern sein müssen. Das heißt nicht, dass die Eltern sich nicht um die Kinder kümmern dürfen. Es geht vielmehr um die Selbstdefinition der Eltern. Eltern, die sich ihrer Persönlichkeit bewusst sind und sich zusätzlich auf die Elternschaft einlassen können, tun ihren Kindern den größeren Dienst als Eltern die meinen, ihr eigener Wert als Mensch sei nur dank des Kindes gegeben.

Die Probleme einer verdrehten Hierarchie

Viele Eltern glauben, die Geburt ihres Kindes mache sie zu einer Familie oder noch genauer: Das Kind mache sie zur Familie. Irrtum! Das Kind ist nur das Kind. Die Eltern haben sich von einem Liebespaar zu einer Familie weiterentwickelt, indem sie ein Kind gezeugt haben. Sie haben die Familie geschaffen, das Kind kam einfach als weiterer Mensch in diesem System hinzu.

Ich erlebe bei vielen Familien, dass sie das Kind zu wichtig nehmen. Der ganze Fokus der Eltern liegt nur noch auf dem Kind und seinen Bedürfnissen, alle Aktivitäten drehen sich um das Kind und seine Wünsche. Das Kind wird zum alles dominierenden Mittelpunkt der elterlichen Aufmerksamkeit und damit gleichzeitig zum Zentrum und zum Chef der Familie. Dadurch ergibt sich in der Familie eine Rollenverschiebung, die verheerende Folgen haben kann. Das Kind wird gewissermaßen zum »König der Welt«, die Eltern sind nur noch seine Handlanger. Weiter kann es passieren, dass die Eltern im Kind nicht nur ihr Kind, sondern die Erfüllung all ihrer Träume sehen und das Kind idealisieren. Das ist sowohl für das Kind als auch für die Eltern sehr anstrengend.

Wenn das Kind das Zentrum der Familie ist

Wenn wir die pädagogischen Entwicklungen der letzten Jahrzehnte anschauen, so hat sich eine sehr positive Veränderung ergeben, nämlich dass Erziehung immer häufiger durch einen kindgerechten, bindungsorientierten Stil gelebt wird. Das Kind und seine Bedürfnisse werden ernst genommen, und die Eltern versuchen in der Erziehung vermehrt, das Wohl des Kindes im Blick zu haben. Das ist wunderbar. Kinder brauchen Eltern, die sie ernst nehmen und versuchen, die Persönlichkeit des Kindes wahrzunehmen, um den Erziehungsstil auf das Kind abzustimmen. Dagegen ist nichts zu sagen, und ich bin sehr froh, dass wir durch die pädagogische Forschung und aktive Elternarbeit in den letzten Jahrzehnten kindgerechte Formen des Aufwachsens geschaffen haben.

Als Familientherapeutin sehe ich aber auch die Schattenseiten dieser Entwicklung. Während des letzten Jahrzehnts konnte ich beobachten, dass immer mehr Eltern verunsichert sind. Sie möchten ihrem Kind und seinen Bedürfnissen gerecht werden, laufen dabei aber Gefahr, sich selbst zu vergessen und das Kind zu erhöhen.

Eltern, die sich sehr bewusst für die Elternschaft entschieden haben und vielleicht auch einen langen Weg gehen mussten, bis die Zeugung endlich geklappt hat, sind prädestiniert dafür, das Kind als das Zentrum ihres eigenen Seins anzusehen. Mütter wesentlich häufiger als Väter.

In der Gesamtdynamik der Familie wird das Kind zum Zentrum, sobald die Mama das Kind zu sehr in den Mittelpunkt ihrer Aufmerksamkeit stellt. Weil sie dann automatisch vom Papa einfordert, dass er sich zumindest während der gemeinsam verbrachten Zeit ebenfalls nur auf das Kind konzentrieren soll. So dreht sich irgendwann alles nur noch um das Kind.

Säuglinge brauchen für ihr Wohlbefinden sehr viel Aufmerksamkeit. Es ist wichtig, dass die Eltern achtsam und einfühlsam auf die Bedürfnisse des Kindes eingehen. Aber schon die kleinsten Erdenbürger sind in der Lage, kurze Zeitspannen mit sich allein zu verbringen. Wenn sie es noch nicht von sich aus können, sind sie doch lernfähig und können diese Fähigkeit durch Training erwerben. Wir reden hier nicht davon, dass man ein Baby stundenlang sich selbst überlässt. Aber es darf durchaus sein, dass man einem Baby zumutet, dass es auf die Mama wartet, während sie duscht oder kurz zur Toilette geht.

Elternsein kostet viel Kraft. Die Zeit und Energie, die man fürs Kind aufwendet, ist enorm. Und gerade deshalb ist es so wichtig, dass die Eltern sich selbst nicht vergessen. Damit sie genügend Kraft haben, sich um das Kind zu kümmern, ist es zentral, dass sie sich auch zwischendurch um sich selbst kümmern. Ansonsten geht ihnen schnell die Puste aus. Darunter hat dann wiederum das Kind zu leiden, weil müde, gereizte und überforderte Eltern eben nicht zum Wohle des Kindes handeln können. Es ist bereits in den ersten Lebensmonaten des Kindes wichtig, dass die Eltern offen dafür sind, ihre eigenen Bedürfnisse wahrzunehmen und so gut als möglich umzusetzen. Man muss seinen Fokus nicht 24 Stunden permanent auf das Kind richten, um eine gute Mama oder ein guter Papa zu sein. Denn erstens ist man im Idealfall zu zweit für das Kind verantwortlich und zweitens tragen schon kleinste Babys ein Minimum an Selbstverantwortung. Sie müssen atmen, essen und sich melden, wenn sie etwas brauchen. Und das tun sie auch. Viele Eltern haben sich noch nie überlegt, dass bereits ein Baby Selbstverantwortung trägt. Man kann einem anderen Menschen, egal, wie klein er ist, nicht alles abnehmen. Leben muss jeder für sich. Das ist auch nicht schlimm, dazu sind wir Menschen in der Lage.

Wenn man nun als Eltern die Verantwortung für so ein kleines Wesen hat, ist es durchaus verständlich, dass man mit Argusaugen über sein Wohlbefinden wacht. Das darf man auch, solange man dabei nicht vergisst, dass man selbst ebenfalls wichtig ist. Insbesondere Mütter tendieren dazu, ihren eigenen

Platz in der Familie nicht mehr einzunehmen und sich komplett für das Kind und die Beziehung zum Partner aufzuopfern.

Das Problem dabei ist nicht nur, dass die Mama dann innert kürzester Zeit in eine Erschöpfung gerät, nein, es gibt auch eine energetische Verschiebung innerhalb der Familie: Wenn die Mutter sich selbst vergisst, vergisst sie auch, dass sie das Zentrum der Familie ist. Dann wird dieser Platz energetisch frei. Und weil die ganze Aufmerksamkeit der Eltern auf dem Kind liegt, wird das Kind automatisch zum Zentrum der Familie. Alles dreht sich nur noch um das Kind. Energie folgt immer der Aufmerksamkeit. Das ist ein physikalisches Gesetz. Somit ist alle Energie der Eltern beim Kind. Ähnlich wie die Erde um die Sonne kreist, kreisen die Eltern nun um das Kind.

Bloß ist das für das Kind überhaupt nicht lustig. In meinen Elternkursen zeige ich das gern mittels einer kleinen Aufstellung. Ich lasse die Teilnehmer in einem Kreis sitzen. Einen Teilnehmer setze ich in die Mitte des Kreises, während die anderen den Auftrag bekommen, ihre Aufmerksamkeit ganz auf diesen Teilnehmer zu richten. Im ersten Moment kann das ganz angenehm sein, wenn man so viel Aufmerksamkeit bekommt. Die meisten Teilnehmer in der Mitte des Kreises berichten aber schon nach wenigen Minuten, dass sie sich unwohl fühlen. Sie fühlen sich zwar wichtig, aber auch beobachtet und unfrei. Genau so geht es dem Kind, wenn es zum energetischen Zentrum der Familie wird. Es fühlt sich zwar gesehen und wichtig, aber es kann sich nicht mehr frei entfalten, weil es unter ständiger Beobachtung steht.

Zudem muss das Zentrum der Familie per Definition alle Familienmitglieder miteinander verbinden. Das haben wir im Kapitel zur Familienhierarchie gesehen. Auch wenn ein Kind natürlich nichts über diese Regeln weiß, reagiert es doch unbewusst auf die dahinterliegende Struktur und wird fortan versuchen, die Familie zusammenzuhalten. Das bedeutet: Ein Kind, das zum Zentrum der Familie gemacht wurde, richtet seine Aufmerksamkeit im Gegenzug nun extrem auf die Bedürfnisse seiner Eltern.

Es wird versuchen, zwischen den Eltern zu vermitteln. Je nach Alter des Kindes kann das durch Kommunikation geschehen, indem das Kind bei Streitereien der Eltern versucht zu schlichten. Oder indem es den Eltern eine gemeinsame Aufgabe gibt, damit sie Gemeinschaft erleben können. Das ist dann der Moment, in dem das Kind kreative Verhaltensweisen an den Tag legt, damit die Eltern zusammenwachsen müssen. Es zieht durch sein Verhalten nun erst recht alle Aufmerksamkeit auf sich. Schließlich muss es als Zentrum ja seine verbindende Rolle ausleben. Es ist immer wieder faszinierend, diese Mechanismen zu sehen. Die Kinder bedienen diese energetischen Muster mit schlafwandlerischer Sicherheit. Erst wenn die Eltern sich bewusst machen, dass das Kind nicht ihr Lebensmittelpunkt und auch nicht die Erfüllung all ihrer Träume ist, kann sich das Kind entspannen.

Hinzu kommt, dass ein Kind, dem man aufbürdet, das Zentrum zu sein, auch immer andere Erwartungen der Eltern erfüllen muss. Es soll besonders brav, kreativ, gescheit, witzig, sportlich begabt oder sensibel sein. Eltern, die meinen, ihr Kind sei die Erfüllung ihrer Träume, projizieren unweigerlich all ihre Träume auf das Kind. Nur ist dieses dann nicht mehr frei, sich zu dem Menschen zu entwickeln, der es eigentlich wäre. Es muss sich zu dem Menschen entwickeln, den die Eltern in ihm sehen wollen. Aus der ursprünglichen guten Absicht der Eltern – ihr Kind und seine Bedürfnisse wahrzunehmen – ist schlussendlich genau das Gegenteil passiert: Die Eltern sehen das Wesen ihres Kindes nicht mehr, und das Kind kann seine Persönlichkeit nicht entfalten, weil es den Vorstellungen der Eltern entsprechen muss.

Darum, liebe Leserin, lieber Leser, lassen Sie nicht zu, dass Ihr Kind zum Mittelpunkt Ihres Lebens wird. Das Kind ist nur das Kind. Sie dürfen das Kind behüten und sich liebevoll um sein Wohlergehen sorgen. Aber Sie dürfen dabei nicht vergessen, dass Sie immer noch Sie selbst sind, ein Mensch mit vielen schönen Lebensinhalten, von denen Ihr Kind einer unter vielen anderen ist. Dann geht es dem Kind gut. Es leidet keinen Mangel, nur weil Sie wissen, dass Sie nicht nur Mutter oder Vater sind, sondern so viel mehr!

Wenn das Kind zum Chef wird

Es gibt eine noch stärkere Ausprägung dieser energetischen Verschiebung innerhalb der Familie. Weil Eltern bestrebt sind, alles zum Wohl des Kindes zu tun, vergessen sie häufig, dass es gerade nicht förderlich ist, wenn ein Kind alles bekommt, was es will. Es hilft auch nicht, wenn man ein Kleinkind alle fünf Minuten fragt, was es denn gern tun möchte. Viele Eltern bürden ihren Kindern viele Entscheidungen auf, die im Laufe eines Tages gefällt werden müssen, die nicht in den Kompetenzbereich eines Kindes fallen. Kinder unter fünf Jahren dürfen gern entscheiden, ob sie den blauen oder den grünen Pulli anziehen möchten. Sie müssen aber nicht entscheiden, ob sie bei Minustemperaturen Kappe und Mütze anziehen – das haben die Eltern zu bestimmen. Kinder unter zehn Jahren dürfen wünschen, mit welchem Spielkameraden sie den freien Nachmittag verbringen möchten. Sie haben aber nicht zu bestimmen, wohin die Familie in den Urlaub fährt.

Aber es geht nicht einmal nur um solche Entscheidungen. Viele Kinder werden nonstop gefragt, was sie denn jetzt gerade tun möchten. So wird von den Kindern erwartet, dass sie immer eine klare Meinung und einen Plan haben, was stattfinden soll. Grundsätzlich wäre das aber die Aufgabe der Eltern. Die Kinder dürfen mit ihren Eltern mitgehen, Ideen einbringen und Wünsche äußern, aber die Eltern müssen abwägen, ob diese Vorstellungen mit den Anforderungen des Tages übereinstimmen und ob man sie ohne große Einschränkungen für die Notwendigkeiten des Alltags erfüllen kann.

Der negative Prozess, aus dem heraus das Kind zum Chef gemacht wird, passiert immer aus der guten Absicht der Eltern heraus. Das Problem ist, dass es bereits im Kleinkindalter geschehen kann, dass die Eltern ihrem Kind zu viele Wahlmöglichkeiten lassen und dadurch das Kind zwingen, elterliche Entscheidungen zu fällen. Das Kind fühlt sich im ersten Moment wichtig, gesehen und machtvoll. Was natürlich erst einmal ein schönes Gefühl ist. Wenn man als dreijähriger Dreikäsehoch aber den machtvollen Part innerhalb der Familie spielen muss, ist das langfristig eine Belastung. Das führt in letzter Konsequenz dazu, dass die Kinder sich von den Eltern nichts mehr sagen lassen.

Familie Müller ist bei mir, weil ihr vierjähriger Sohn Linus jedes Mal einen Wutanfall kriegt, wenn die Eltern ihm etwas verbieten. Schon bei Kleinigkeiten rastet er aus. Er möchte mit seinem Fahrrad zum Einkaufen fahren, da die Eltern aber ins große Einkaufszentrum im Nachbarort müssen, sind sie auf das Auto angewiesen. Das will Linus nicht verstehen und wird wütend, schreit seine Eltern an und sagt ihnen, sie seien die dümmsten Eltern überhaupt. Diese und ähnliche Situationen erleben die Eltern jeden Tag. Ansonsten ist Linus ein liebes und fröhliches Kind, aber sobald etwas nicht nach seinem Kopf läuft, tickt er aus. Linus ist ein Einzelkind, seine Eltern mussten mehrere Jahre auf ihn warten und hatten sich schon überlegt, ob sie eine künstliche Befruchtung machen wollen, als seine Mutter doch noch schwanger wurde. Er wurde liebevoll in der Familie aufgenommen, beide Elternteile haben sich sehr auf ihn gefreut. Nun ist die Verzweiflung groß, weil sie bereits mit ihrem vierjähriger Sohn an ihre Grenzen kommen und sich sorgen, was denn sein wird, wenn er älter wird.
Ich höre den Schilderungen eine Weile zu, sehe wie Linus immer wieder grinst bei dem, was die Eltern mir erzählen. Da frage ich ihn: »Linus, sag mal, wer ist eigentlich bei euch zu Hause der Chef?« Wie aus der Pistole geschossen antwortet Linus: »Ich!«

Es ist nicht der Fehler des Kindes, wenn es zur Überzeugung gelangt, es wäre der Chef der Familie. Es ist vielmehr ein Zeichen dafür, dass die Eltern einem »Irrtum aus Liebe« verfallen sind. Sie wollen ihre Liebe durch Nachgiebigkeit ausdrücken. Das ist leider der falsche Weg. Man kann sehr liebevoll mit seinem Kind umgehen und ihm gleichzeitig klare Grenzen setzen. Das Traurige an diesem Irrtum ist, dass die Eltern das Beste für ihr Kind wollen und es aber gerade deswegen vernachlässigen.

Ja, Eltern, die ihren Kindern zu viel Entscheidungsgewalt überlassen, vernachlässigen die eigentlichen kindlichen Bedürfnisse nach Halt, Anleitung und Begleitung. Wenn ein Kind immer seinen Willen bekommt, wird es von den Eltern im Stich gelassen. Weil die Eltern dann nicht die Großen sind, die dafür sorgen, dass das Kind Kind sein darf, sondern von ihm erwarten, dass es selbst groß ist und abschätzen kann, was richtig ist. Je kleiner das Kind ist, umso mehr Anleitung braucht es. Je größer das Kind ist, umso mehr Halt braucht es. Gerade wenn ein Kind von seinem Alter her tatsächlich erste Entscheidungen für sich treffen kann, braucht es den Halt und den Rat der Eltern.

Wir haben im vorherigen Kapitel gesehen, dass aus energetischer Sicht der Vater der Chef der Familie ist. Wenn die Eltern nun das Kind auf den Chefsessel setzen, führt das unweigerlich dazu, dass das Kind früher oder später den Respekt vor dem Vater verliert und Mühe hat, seine Autorität anzuerkennen. Gleichzeitig fühlt sich das Kind vom Vater im Stich gelassen. Kinder, die meinen, sie seien zu Hause der Chef, freuen sich nicht wirklich darüber. Sie haben vielleicht Gefallen daran, ihre Wünsche durchzusetzen, aber langfristig fühlen sie sich immer allein und verlassen. Und werfen das als Erwachsene dann ihren Eltern vor. Kinder wollen nicht die Großen sein, sie möchten klein sein dürfen.

Wenn sich aber diese Dynamik eingeschlichen hat, ist es selbstverständlich, dass sie erst einmal rebellieren, wenn man diesen Kreislauf zu durchbrechen sucht. Je älter das Kind ist, umso mehr wird es sich im ersten Moment dagegen wehren, vom Thron gestoßen zu werden. Aber meistens kann man schon nach wenigen Wochen beobachten, wie sich das Kind entspannt. Es wird unbeschwerter, sucht wieder Körperkontakt mit seinen Eltern und beginnt, sich emotional mehr zu öffnen. Die Wutanfälle gehen zurück und das Kind wird unerwünschten Situationen gegenüber toleranter. Es kann plötzlich aushalten, dass das Fahrrad heute zu Hause bleiben muss und man stattdessen mit dem Auto zum Einkaufen fährt.

Kinder, die den Chef spielen müssen, fühlen diese Verantwortung und wollen ihr gerecht werden. Darum können sie es kaum aushalten, wenn etwas nicht nach ihrem Kopf geht. Denn dann können sie diese Verantwortung, die man ihnen aufgebürdet hat, nicht wahrnehmen. In dem Moment fühlen sie sich völlig machtlos und in der Folge auch hilflos. Ein Regent ohne Entscheidungsgewalt über den Moment fühlt sich von der Situation verraten und verzweifelt deswegen. Das bedeutet nicht, dass das Kind aggressiv ist. Es gelingt ihm nur in dem Moment nicht, die Erwartungen an einen Chef zu erfüllen, weil die Eltern für einmal ihre Rolle einnehmen. Das verwirrt das Kind und es wird ärgerlich.

Kurz gesagt, wenn ein Kind mit seinem Verhalten das Familienleben dominiert und die Eltern ständig auf seine Wünsche eingehen, auch wenn sie unrealistisch oder mühsam sind, entwickelt sich das Kind zum Chef der Familie. Gleichzeitig fühlt sich das Kind von seinen Eltern, insbesondere vom Vater, im Stich gelassen, und die Eltern ihrerseits rutschen in eine selbst geschaffene Hilflosigkeit. Sie werden zu Marionetten des Kindes und die ganze Familie gerät in eine energetische Schieflage. Dies kann in jedem Alter eines Kindes passieren. Mädchen und Jungen sind gleichermaßen prädestiniert, den Chefposten zu bekommen, das Geschlecht des Kindes spielt da keine Rolle. Familien mit nur einem Kind sind etwas häufiger von dieser Dynamik betroffen, es kann aber auch in Familien mit mehreren Kindern der Fall sein, dass eines der Kinder diese negative Erhöhung erfährt. Vielleicht weil es zu Beginn seines Lebens einen schwierigen Start hatte und die Eltern nach der Geburt um sein Leben bangen mussten. Oder weil es sehr früh eine große Charakterstärke gezeigt hat und die Eltern sich seinen Wünschen gebeugt haben.

Die Lösung aus diesem Dilemma gelingt relativ einfach, wenn sich die Eltern auf die energetische Familienhierarchie besinnen. Und wenn sie sich bewusst machen, dass Liebe und Führung sich nicht gegenseitig ausschließen, sondern aufs Positivste ergänzen.

Wenn auch Sie das Gefühl haben, Ihr Kind habe sich zum Chef der Familie entwickelt, dann können Sie diese Übung machen.

Übung »Ich bin hier der Chef«

Variante Vater: Nehmen Sie sich einen Moment Zeit mit Ihrem Kind und sprechen Sie in Ruhe mit ihm. Dann erklären Sie ihm: »In unserer Familie bin ich der Chef und du bist nur das Kind. Ich liebe dich sehr und ich entscheide gemeinsam mit der Mama, was du darfst und was nicht. Ich bin der Große und du bist der/die Kleine.«

Am stärksten wirkt die Übung, wenn der Vater mit dem Kind spricht. Natürlich kann auch die Mutter etwas dazu beitragen.

Variante Mutter: Nehmen Sie sich einen Moment Zeit mit Ihrem Kind und sprechen Sie in Ruhe mit ihm. Erklären Sie ihm: »Ich bin die Große und du bist der/die Kleine. In unserer Familie ist der Papa der Chef und ich bin das Zentrum. Du bist unser Kind und wir lieben dich sehr. Aber wir entscheiden, welche Wünsche wir dir erfüllen können und welche nicht.«

Es ist hilfreich, dieses Gespräch einmal ganz in Ruhe zu führen. Später kann man diese Sätze hin und wieder in die Kommunikation mit dem Kind einfließen lassen.

Ich habe Familien erlebt, bei denen dieser Ausspruch eine Art »Running Gag« in der Familie wurde, und trotzdem entfaltete er gerade dadurch seine Wirkung. Es braucht etwas Zeit, bis sich alle an diese Idee gewöhnt haben. Langfristig entsteht daraus eine gute Beziehung zwischen Eltern und Kinder, die geprägt ist durch Klarheit und Liebe.

Wenn das Kind zum Partner wird

Eltern verlieben sich in ihr Neugeborenes. Das hat die Natur so eingerichtet, damit die Eltern das Leben des Kindes sichern. Man schaut sein Baby an und spürt den hellen Strom aus Liebe, der sich aus dem Herzen ergießt und zum Kind fließt. Kennen Sie das Gefühl? So muss es sein. Die Liebe zum Kind ist neben der Liebe zum Partner die wichtigste Essenz der Familie. Ohne Liebe geht es nicht. Dabei muss aber jederzeit klar bleiben, wer welche Rolle innerhalb der Familie hat.

Frau Mahler kommt mit ihrem Sohn Timo (5) zu mir. Timo ist ein sehr sensibler Junge, der nicht gern in den Kindergarten geht und sich zu Hause auffallend häufig mit dem Papa streitet. Frau Mahler fragt mich ganz verzweifelt: »Ich weiß nicht, wieso die beiden immer aneinandergeraten! Wenn Timo nur den kleinsten Mucks macht, rastet mein Mann aus. Timo wiederum wird wütend, wenn der Papa ihm den falschen Legostein in die Hand drückt. Wie soll das nur werden, wenn Timo größer wird?« Dabei schaut sie ihren Sohn verliebt an. »Timo ist ein ganz besonderer Junge, bloß mein Mann will das einfach nicht verstehen.« Timo hat sich gleich nach der Begrüßung in die Spielecke verzogen und mich bis anhin keines Blickes gewürdigt. Im Auto hatte er anscheinend noch gesagt, dass er nicht in die Behandlung kommen wollte. Ich höre Frau Mahler weiter zu. »Gleich bei Timos Geburt habe ich gewusst, dass er speziell ist. Er ist ein so liebevolles und zärtliches Kind. Er gibt mir so viel! Wenn ich da an meinen Mann denke – der kann seine Gefühle überhaupt nicht zeigen. Außer im Streit, darin ist er gut. Aber ich weiß gar nicht mehr, wann er mich das letzte Mal in den Arm genommen hat.« Sie schnieft und putzt sich verstohlen die Nase. Da sage ich zu ihr: »Ihr Timo ist ein lieber Junge. Aber Sie sehen zu viel in ihm. Er ist nicht Ihr idealer Partner. Er ist nur Ihr Kind. Der ideale Partner für Sie ist Ihr Mann, auch wenn Sie es zurzeit schwierig haben.« In dem Moment schaut Timo auf, sucht Augenkontakt mit mir, strahlt übers ganze Gesicht und nickt anerkennend mit dem Kopf. Er beginnt leise eine fröhliche Melodie zu summen und spielt zufrieden weiter.

Es ist für Kinder so viel leichter, wenn sie nicht in die Rolle des Märchenprinzen oder der Märchenprinzessin schlüpfen müssen. Es tappen nicht nur Mütter in die Falle der Überidealisierung ihres Sohnes, auch Väter meinen, in ihrer kleinen Tochter häufig das Idealbild der Frau zu entdecken. Es ist auch nicht so, dass das nur in Einzelkind-Familien passiert. Timo zum Beispiel hat noch zwei ältere Geschwister.

Die gefühlsmäßige Verwechslung des Kindes mit dem Partner führt aber immer dazu, dass die Familie gespalten wird. Der verwirrte Erwachsene (also derjenige, der die Verwechslung macht) und das überidealisierte Kind werden zu einer Einheit, die gegen den anderen Erwachsenen steht. Dadurch wird das Paar energetisch getrennt und das Kind automatisch auf den Platz des Partners gestellt.

Die Verwechslung passiert meistens aus einer belasteten Paarbeziehung heraus. Wenn sich das Paar emotional entfremdet hat und die gegenseitige Anziehung nicht mehr spürbar ist, passiert es leicht, dass das Kind als Ersatz gesehen wird. Die Verwechslung verstärkt aber noch die innere Distanz des Paares. Darum ist es auch nicht verwunderlich, dass in unserem Beispiel der Papa sich so leicht von seinem kleinen Sohn provozieren lässt. Die Mutter stellt den Sohn auf den Platz, der eigentlich ihrem Mann vorbehalten wäre. Damit schafft sie eine ungesunde Konkurrenzsituation innerhalb der Familie. Sie ist auch die Einzige, die an dieser verfahrenen Situation etwas ändern kann. Vater und Sohn werden so lange gegeneinander kämpfen, bis jeder wieder auf dem ihm zustehenden Platz steht. Wenn wir das in der Analogie des Schachbretts betrachten, dann hat die Mama durch ihre gefühlsmäßige Verwechslung ihren Partner aus seinem Feld gekippt und stattdessen den Sohn dorthin gestellt. Erst wenn sie das innerlich korrigiert und ihrem Mann wieder eine Chance gibt, werden die beiden aufhören, sich zu bekämpfen. Vorher sind sie planlose Schachfiguren im emotionalen Familienspiel, die unbewusst auf die energetische Verschiebung reagieren. Die gleichen Spielregeln wirken auch, wenn der Papa sein Töchterchen zu sehr anhimmelt und sich die Mama aus ihrer Rolle als Partnerin gedrängt fühlt.

Ein typischer Hinweis auf eine solche Verwechslung ist es, wenn das Kind es nicht leiden kann, wenn die Eltern sich küssen oder umarmen. Ein Kind in der Partnerrolle reagiert unbewusst eifersüchtig auf den anderen Elternteil. Das Faszinierende dabei ist, dass die Kinder ja gar nicht wissen, dass sie von einem Elternteil auf den falschen Platz gestellt werden. Sie spüren aber die unbewussten Erwartungen, die an diese besondere Rolle geknüpft sind, und reagieren mit ihrem Verhalten darauf. Man kann sagen, sie übersetzen die gefühlte Energie innerhalb der Familie in konkrete Verhaltensweisen und wissen dabei selbst nicht, warum sie sich so verhalten.

Wenn die Eltern die Verwechslung korrigieren, reagieren die

Kinder durchwegs positiv darauf. Je kleiner sie sind, umso größer ist die Erleichterung. Ich erlebe es sehr häufig, dass ich in der Praxis den Umstand der Verwechslung offen benenne und man den Kindern die Erleichterung wie bei Timo gleich im ersten Moment anmerken kann. Süß war auch die Begegnung mit Sina (7), die nach der Klärung ihrer Rolle innerhalb der Familie bei der Verabschiedung ihre Arme um mich geschlungen hat, mich anlächelte und leise flüsterte: »Danke!«

Kinder wollen die Kinder ihrer Eltern sein und nicht ihre Partner! Ein Kind, das in die Partnerrolle gedrängt wird, fühlt sich immer für den verwirrten Elternteil verantwortlich. Sie können dann nicht mehr unbeschwert Kind sein, sondern möchten unbewusst dafür sorgen, dass es der Mutter oder dem Vater gut geht.

Frau Sager (28) ist bei mir, weil sie unter ständigen Rückenschmerzen leidet, für die keine medizinische Ursache festgestellt wurde. Ich behandele sie energetisch und schaue mit ihr auch ihre berufliche und familiäre Situation an. Frau Sager ist Lehrerin an einem Gymnasium, macht Yoga und wohnt seit vier Jahren mit ihrem Freund zusammen, mit dem sie sich sehr gut versteht. Sie hat ein inniges Verhältnis zu ihren Eltern, die ihrerseits aber getrennt sind, seit sie acht Jahre alt war. »Ich bin bei meiner Mutter aufgewachsen, habe meinen Vater aber immer gesehen. Ich weiß, dass ich für ihn ganz wichtig bin. Er hat sich nie mehr auf eine Beziehung eingelassen. Das finde ich sehr schade. Er sagt dann immer, es wäre sowieso keine so schön wie ich.« Frau Sager lächelt. »Wir stehen uns sehr nahe. Er hat mich immer seine ›kleine Prinzessin‹ genannt.« Ich ahne etwas. »Haben Ihre Rückenschmerzen begonnen, nachdem Sie mit Ihrem Freund zusammengezogen sind?« Frau Sager überlegt. »Ja, das stimmt. Woher wissen Sie das?«

Als Frau Sager mit ihrem Freund in eine gemeinsame Wohnung gezogen ist, hat sie sich für ihn entschieden. Er ist der

Mann an ihrer Seite. Damit ist auch klar, dass sie aber eben nicht die Frau an der Seite ihres Vaters ist – obwohl dieser sie vergöttert. Die Rückenschmerzen sind Ausdruck ihrer inneren Spannung. Ihr Bedürfnis nach Eigenständigkeit (dem sie glücklicherweise nachgegeben hat) steht im Widerspruch zu ihrer inneren Treue zum Vater. Die daraus resultierende emotionale Spannung zeigt sich in Form von Rückenschmerzen. Es fällt Frau Sager seither schwer, im Gleichgewicht zu bleiben, weil sie sich selbst unbewusst dafür verurteilt, ihren Vater enttäuscht zu haben. Ich erkläre ihr diese Dynamik, die ihr sofort einleuchtet. Ich bitte sie, die Augen zu schließen und folgenden Satz laut aufzusagen: »Lieber Papa, ich liebe dich, aber ich bin nur dein Kind. Der ideale Mann für mich ist mein Freund und nicht du. Bitte lass mich dein Kind sein.« Sie atmet tief ein und aus und lächelt dabei. »Das fühlt sich gut an!« Die Rückenschmerzen haben nach wenigen energetischen Behandlungen nachgelassen.

Wenn Eltern die Verwechslung nicht korrigieren, kann sie bis ins Erwachsenenleben der Kinder wirksam sein und den Kindern das Leben schwer machen. Kinder sind ihren Eltern immer treu. Sie wollen sich der Liebe der Eltern würdig erweisen. Wenn die Eltern von den Kindern aber etwas erwarten oder etwas in die Kinder hineininterpretieren, was nicht da ist, dann haben es die Kinder schwer.

Ich möchte noch kurz auf den Unterschied zwischen Stolz und Bewunderung hinweisen. Es ist schön, wenn Eltern stolz sind auf ihre Kinder. Der Stolz ihrer Eltern ist für Kinder (egal, wie alt sie sind) eine der schönsten Errungenschaften in ihrem Leben. Zeigen die Eltern ihren Kindern, dass sie stolz sind auf das, was die Kinder erreicht haben, was sie machen und wer sie sind, dann gibt das den Kindern Kraft. »Ich bin stolz auf dich« heißt: »Ich als die Große/der Große schaue auf dich meine Kleine/meinen Kleinen, und was ich sehe, gefällt mir.« Stolz ist energetisch gesehen eine Bewegung von oben nach unten. Die

Hierarchie ist gegeben, der Große schaut wohlwollend auf den Kleinen und freut sich über das Werden des Kleinen.

Bewunderung hingegen funktioniert genau umgekehrt. Bewunderung ist eine energetische Bewegung von unten nach oben. Wenn ich jemanden bewundere, dann schau ich zu ihm auf. Der Kleine bewundert den Großen für seinen Erfolg. Darum ist es für Kinder nicht gut, wenn sie von ihren Eltern bewundert werden. Damit stellen die Eltern die Kinder nämlich auf die obere Stufe.

In der Bewunderung vergessen die Eltern, dass sie die Großen sind, und sehen nur noch die Besonderheit des Kindes. Egal, ob es ein Talent hat zum Fußballspielen, zum Klavierspielen, zum Zeichnen oder außerordentlich sozial mit seinen Freunden umgeht. Die Bewunderung macht das Kind zu mächtig und es fühlt sich in der Folge von seinen Eltern gerade nicht mehr wahrgenommen. Weil die Eltern geblendet sind von der Bewunderung, erkennen sie die momentane Befindlichkeit ihres Kindes nicht mehr.

Neben der normalen Bewunderung, die Eltern hin und wieder für ihre Kinder hegen, hat sich in den letzten Jahren noch eine spezielle Form der Bewunderung entwickelt. Zu mir kommen viele Eltern, die sich vertieft mit Spiritualität auseinandersetzen. Es liegt in der Natur der Sache, dass auch viele Eltern zu mir finden, deren Kinder mehr wahrnehmen als andere Menschen, weil ich ihnen helfen kann. Es sind also viele besonders sensible und begabte Kinder bei mir in der Behandlung. Und da höre ich sehr häufig Aussagen wie diese: »Mein Kind ist spirituell weit entwickelt. Manchmal scheint mir fast, es sei mein spiritueller Lehrer. Ich lerne so viel durch mein Kind. Und was es alles spüren und wahrnehmen kann, das ist unglaublich! Ich bewundere seine Wahrnehmungsfähigkeit. Ich wünschte nur, ich könnte auch so viele Dinge sehen wie mein Kind.«

Da sträuben sich mir die Nackenhaare. Ich möchte es hier in aller Deutlichkeit sagen: Egal, wie viel Bewusstsein ein Kind mit auf die Erde bringt und egal, wie hellsichtig oder sonst begabt ein Kind ist, es ist das Kind seiner Eltern und nicht die Inkarnation eines spirituellen Lehrers für die Eltern! Gerade Kinder mit einem hohen Bewusstsein und einer feinen Wahrnehmungsfähigkeit brauchen den Halt ihrer Eltern. Es hilft ihnen nicht, im Leben klarzukommen, wenn sie von ihren Eltern angehimmelt werden und die Eltern vor lauter Begeisterung ihre Rolle als Erzieher und Unterstützer nicht mehr wahrnehmen. Kinder der neuen Zeit, seien es nun Indigo-, Kristall-, oder Diamantkinder, brauchen starke Eltern, die ihnen starke Wurzeln vermitteln. Sie brauchen große Eltern und keine kleinen Jünger, die zu ihnen aufschauen.

Die Liebe führt manchmal dazu, dass man den Geliebten in einem helleren Licht sieht, als gut für ihn (und für einen selbst) ist. Ich glaube, das kennen wir alle. Und weil die Liebe zum eigenen Kind etwas so Großes und Wunderbares ist, birgt sie auch viele Verwirrungen und Verwechslungen. Das ist normal. Das passiert den meisten Eltern in irgendeiner Form irgendwann während des Aufwachsens des Kindes. Das ist nicht schlimm – solange dieser Zustand nicht allzu lange andauert. Man darf in die Falle tappen, wichtig ist nur, dass man möglichst bald erkennt, dass man in der Falle sitzt. Und dass man dann die nötigen Korrekturen vornimmt. Wird es nicht korrigiert, gipfeln alle bereits besprochenen Verschiebungen innerhalb der Familienhierarchie als letzte Konsequenz in der Aufhebung der energetischen Treppenstufen. Kinder, die Chef oder Partner ihrer Eltern sein müssen, stehen damit automatisch auf der Ebene der Eltern. Dasselbe ereignet sich auch, wenn Eltern ihr Kind mit ihrem inneren Kind verwechseln.

Die Verwechslung mit dem inneren Kind

Kennen Sie den Wunsch, Ihrem Kind all das zu geben, was Ihnen als Kind gefehlt hat? Das kann so aussehen: »Ich hätte als Kind so gerne Hockey gespielt, das möchte ich meinem Sohn nun ermöglichen. Ich verstehe gar nicht, warum er nach jedem Training schlecht gelaunt ist.« Oder auch: »Ich hätte mich gefreut, wenn meine Eltern sich für mich eingesetzt hätten. Aber meine Tochter erzählt mir einfach nicht, was sie beschäftigt! Und wenn ich frage, wie es ihr geht, schlägt sie mir die Zimmertür vor der Nase zu. Es ist zum Verzweifeln mit ihr!« Möglich wäre auch: »Ich lasse meine Tochter nie allein einschlafen, das fand ich als Kind immer schrecklich. Auch wenn sie mir sagt, ich könne das Zimmer verlassen, bleibe ich, bis sie eingeschlafen ist. Sie soll sich nie einsam fühlen!«

Jeder Mensch beurteilt die Welt aufgrund seiner eigenen Erlebnisse. Was wir für richtig und wichtig halten, gründet immer in unseren eigenen Erfahrungen. Wenn wir Eltern werden, ist das nicht anders. Wir versuchen, das Gute, das wir von unseren Eltern mitbekommen haben, an unsere Kinder weiterzugeben. Gleichzeitig möchten wir den Mangel, den wir als Kind gespürt haben, für unsere Kinder aufheben und ihnen eine schönere, liebevollere und sicherere Kindheit ermöglichen.

Sie ahnen es bereits, da kommt wieder ein »Aber!«. Jeder Mensch ist individuell. Ihr Kind ist ein anderer Mensch und hat andere Gefühle und teilweise auch andere Bedürfnisse als Sie hatten, als Sie Kind waren. Ihr Kind ist keine kleine Ausgabe von Ihnen. Es hat seine eigene Persönlichkeit. Zumal es auch unter ganz anderen Bedingungen aufwächst. Es hat andere Eltern, es lebt in einer anderen Zeit, vielleicht an einem anderen Ort – kurz, es hat komplett andere Lebensbedingungen als Sie damals. Deswegen hat es möglicherweise auch andere Wünsche und Bedürfnisse als Sie früher.

Eltern sind sich diesem Umstand oft nicht bewusst und projizieren ihre eigenen Vorstellungen auf das Kind. Sie passen ihr elterliches Handeln an diese Vorstellungen, statt an die effektiven Bedürfnisse des Kindes an. Um das zu verstehen, muss man das Konzept des inneren Kindes kennen.

Das innere Kind

Es gibt das psychologische und psychotherapeutische Konzept des inneren Kindes. Das innere Kind ist der Teil unserer Persönlichkeitsstruktur, der niemals erwachsen werden muss. Es ist die Umschreibung unserer tiefsten Gefühlswelt, die Bezug nimmt auf unsere Erlebnisse als Kinder. Die tiefsten Verletzungen sind im inneren Kind gespeichert, es birgt aber auch eine große Kraftquelle. Das innere Kind vereint negative Gefühle wie Angst, Verlustgefühle, Unsicherheit, Verzweiflung, Abhängigkeit oder Hilflosigkeit mit der unbeschwerten Kraft des Kindes, die sich auszeichnet durch Leichtigkeit, Freiheit, Unbekümmertheit oder Mut.

Vielen Menschen fehlt der bewusste Kontakt zum inneren Kind. Trotzdem oder gerade deswegen wuchern im Unterbewusstsein Gefühle aus der Vergangenheit, die mitbestimmen, wie sich ein Mensch in der Gegenwart fühlt und vor allem wie er sich verhält. Oftmals reagiert das innere Kind als eine Art Autopilot auf gegenwärtige Situationen, statt dass der erwachsene Teil der Persönlichkeit bestimmen kann, wie er sich verhalten möchte. Je mehr man das innere Kind abgespalten hat, umso größer wird seine negative Kraft, weil man schwierige Erfahrungen aus der Kindheit mit ins Erwachsenenleben schleppt. Die Abspaltung des inneren Kindes geschieht folgendermaßen: Es passiert in der Kindheit etwas, was für das Kind schwierig ist. Das innere Kind bleibt in dieser belastenden Situation aus der Vergangenheit stecken, während alle anderen Persönlichkeitsanteile weiterwachsen und sich positiv entwickeln. Durch die innere Spaltung geht der Kontakt zum inneren Kind verloren. Aber nicht, weil etwas Negatives passiert ist, sondern weil ich mir in diesem Moment nicht helfen konnte. Der Kontakt zum inneren Kind geht verloren durch das Gefühl, ich sei von mir selbst getrennt. In der Folge fühlt sich das innere Kind von mir im Stich gelassen. Dieser Persönlichkeitsanteil wird sich deswegen vor meinem Verstand verstecken, gleichzeitig regiert er in meinem Unterbewusstsein und bringt mich dazu, in kindlichen Gefühlen und Bewertungen von Situationen stecken zu bleiben.

Ein unbewusstes inneres Kind kann uns ausbremsen, behindern oder belasten. Insbesondere in Beziehungen spielt das innere Kind eine wichtige Rolle. Wie ich mich meinem Partner gegenüber verhalte und was ich fühle, wenn er in dieser oder jener Weise mit mir umgeht, hängt häufig mehr davon ab, was mein inneres Kind alles an Erfahrungen gespeichert hat, und weniger, wie der aktuelle Moment aussieht und was der erwachsene Teil von mir gerade fühlt. Auch im Umgang mit den eigenen Kindern wirkt das innere Kind als unbewusster Kompass, der leider oft in die falsche Richtung zeigt. Ganz einfach, weil er auf die Vergangenheit verweist und nicht auf die Gegenwart.

Die gute Nachricht ist: Das innere Kind kann auch zur Kraftquelle werden. Dazu muss ich mich mit diesem Anteil meiner Persönlichkeit auseinandersetzen. Ich muss verstehen, dass tief in meinem Herzen ein kleines, meist verletztes Kind sitzt, das sich nach Aufmerksamkeit sehnt.

Jedes Kind erlebt irgendwann einmal eine schwierige Situation. Das lässt sich gar nicht vermeiden. Sagen wir, das Kind wird in der Schule immer wieder gehänselt. Es entwickelt das Gefühl »Die andere mögen mich nicht, ich bin nicht liebenswert«. Dieses Gefühl wird abgespeichert. Das Kind wird größer, entscheidet sich für eine Ausbildung und entwickelt sich zu einem souveränen Erwachsenen mit positiver Lebenseinstellung. Und doch sitzt da tief im Herzen dieser Stachel. Ein Teil des Erwachsenen glaubt noch immer, nicht liebenswert zu sein. Aus diesem Grund möchte er auf keinen Fall sein eigenes Kind enttäuschen. Dann bestünde ja die Gefahr, dass das Kind Ablehnung äußert, zum Beispiel: »Du bist die dümmste Mama, die es gibt!« Um die eigene Verletzlichkeit zu überspielen und keine negativen Gefühle zu spüren, versucht der sonst so souveräne Erwachsene im Kontakt mit seinem eigenen Kind Auseinandersetzungen zu vermeiden.

Oder, und das kommt sehr häufig vor, er richtet seine Entscheidungen nach der eigenen kindlichen Befindlichkeit anstatt nach der aktuellen Situation. Auch dann ist er nicht mehr in der Lage, seine Aufgabe als der Große wahrzunehmen. Weil er sein eigenes Kind, welches vor ihm steht und eine elterliche Ansage bräuchte, mit seinem verletzten inneren Kind verwechselt. Aus diesem Chaos heraus werden falsche Entscheidungen getroffen, die nicht gut sind für das eigene Kind.

Es gibt eine einfache Lösung aus diesem Dilemma: dass der Erwachsene sich mit seinem inneren Kind beschäftigt und wenn möglich die alten Wunden heilt. Nur dann kann er frei sein in der Erziehung seines Kindes. Es ist auch die Voraussetzung, um das ureigene Wesen des eigenen Kindes überhaupt erkennen zu können. Ansonsten sieht man unweigerlich das eigene kleine Ich statt den Sohn oder die Tochter.

Die Heilung des inneren Kindes

Wenn Sie Ihr inneres Kind kennenlernen und heilen möchten, stellen Sie sich am besten auf einen längeren Prozess ein. Das ist nicht mit einer einfachen Übung getan, obwohl ich natürlich eine zeigen werde. Das Wichtige ist Ihre innere Bereitschaft, sich selbst auf einer neuen Ebene zu begegnen. Dann kann das innere Kind zu einem wahren Schatz für Ihr Leben werden. Schlussendlich ist die bewusste Integration des inneren Kindes in die eigene Persönlichkeit der wichtigste Schritt auf dem Weg zur gelebten Selbstliebe. Wenn man einen guten Kontakt zum inneren Kind hat, spürt man alle Gefühle besser und klarer und beginnt, liebevoller mit sich selbst umzugehen. Dass die Selbstliebe der Schlüssel für alle gelingenden Beziehungen ist, das ist kein Geheimnis. Er ist zudem einer der Schlüssel für eine harmonische und starke Eltern-Kind-Beziehung. Denn wirklich mit einem anderen Menschen in Beziehung gehen kann ich erst, wenn ich eine gute Beziehung zu mir selbst habe. Das gilt für Liebesbeziehungen genauso wie für Eltern-Kind-Beziehungen.

Schauen wir uns einmal an, wie die Verletzungen des inneren Kindes entstehen: Jeder Mensch erlebt als Kind schwierige Momente. Auch die liebevollsten Eltern schaffen es nicht, ihrem Kind Kummer zu ersparen. Gerade weil viele Eltern nach ihren eigenen und nicht nach den Bedürfnissen des Kindes handeln, führt das zu Problemen für das Kind.

Schmerz liegt nicht nur in der Beziehung zu den eigenen Eltern. Schmerz kann ebenso durch schwierige Erfahrungen mit anderen Menschen ausgelöst werden. Das können Spielkameraden sein oder Lehrer, Sporttrainer oder andere Menschen, mit denen man als Kind Zeit verbringt. Eine Wunde bekommt man beispielsweise durch wiederkehrende negative Erfahrungen mit anderen Kindern, die einen auf dem Spielplatz nicht mitspielen lassen. Sie kann durch die Vernachlässigung der Eltern oder auch nur durch eine unbedachte Aussage eines anderen Erwachsenen ausgelöst werden. So hat mir zum Beispiel einmal ein Lehrer gesagt, ich könne nicht singen. Es hat mich viele Gesangsstunden gekostet, bis ich diese tief eingegrabene Überzeugung wieder losgeworden bin. Heute singe ich mit Freude in einem Chor und darin auch in kleinen Formationen, in denen es auf jede Stimme ankommt.

Ein Kindheitstrauma kann in jedem Lebensbereich eines Kindes entstehen. Es ist nicht immer in der Beziehung zu den Eltern zu suchen. Auch wenn bestimmt ein großer Teil des Schmerzes, den Kinder erfahren, leider durch die Familie verursacht wird. Und sei es nur, weil den Eltern nicht bewusst ist, dass das Kind unter einer bestimmten Situation leidet. Meine Eltern haben lange nicht gemerkt, wie sehr mich meine vermeintliche Unmusikalität belastet hat. Und das, obwohl sie sonst sehr aufmerksam und unterstützend waren.

Der Schmerz des inneren Kindes wird genährt durch falsche Rückschlüsse, die das Kind aus einer Situation zieht. Ein Kind, das ausgelacht wird, weil es eine geflickte Hose trägt, kommt selten zu dem Schluss, dass die anderen Kinder oberflächliche Holzköpfe sind. Es wird vielmehr denken, dass es den Normen der anderen nicht entsprechen kann, dass es anders ist und somit weniger wert. Daraus entsteht vielleicht das Gefühl »Ich bin unwürdig, mit den anderen zusammen zu sein«.

Die Gefühle des inneren Kindes entstehen nicht durch Logik, sondern häufig durch falsche Beurteilungen. Wenn einem fröhlichen, etwas lauten Kind, das gern durch die Wohnung hüpft, immer wieder gesagt wird, es möge doch still sein, wird es mit der Zeit verstummen und seine Fröhlichkeit nicht mehr zeigen. Vielleicht wird es sie sogar nicht mehr fühlen können, weil sie unerwünscht ist. Das Kind beurteilt die Situation nicht nach objektiven Kriterien, die da wären: »Meine Mutter ermahnt mich, leise zu sein, weil meine kleine Schwester ihren Mittagsschlaf hält. Wenn sie jetzt schlafen kann, können wir nachher gemeinsam auf den Spielplatz gehen. Wenn sie aber zu früh aufwacht, kann die Mama jetzt den Abwasch nicht erledigen und hat dann nachher keine Zeit für uns.« Das Kind denkt vielmehr: »Meine Mama mag es nicht, wenn ich laut bin. Darum bin ich besser still, damit sie mich weiterhin lieb hat. Wenn ich still bin, werde ich geliebt. Wenn ich laut bin, bin ich ein böses Kind.«

Durch solche Fehleinschätzungen können emotionale Verletzungen entstehen, die nicht in einem extremen Ereignis oder einer steten Vernachlässigung durch die Eltern gründen. Kinder beurteilen Situationen anders als Erwachsene. Da sie ihre Logik nicht immer mitteilen, ist es für die Eltern mitunter schwer herauszufinden, dass das Kind einen Schmerz mit sich herumträgt, der überhaupt nicht nötig wäre. So leiden viele Kinder stumm vor sich hin, nur weil sie etwas falsch verstanden haben. Diese falschen Annahmen aber wirken in unserer Psyche als die belastenden Elemente des inneren Kindes. Die gilt es aufzuräumen!

Die Arbeit mit dem inneren Kind ist für mich nicht der laut geäußerte Vorwurf den eigenen Eltern gegenüber, sondern die liebevolle Kontaktaufnahme mit dem eigenen verletzten Teil. Wenn das innere Kind nach Liebe und Aufmerksamkeit schreit, dann hilft es nur bedingt, wenn man das mit den eigenen Eltern bespricht. Man kann die Vergangenheit nicht ändern und auch nicht aufholen. Aber man kann zur Selbstliebe zurückfinden, nur so kann das innere Kind heilen.

Egal, welches Gefühl oder welcher Schmerz Ihr inneres Kind noch immer fühlt, es kann nur gesunden, wenn Sie ihm voller Liebe und Zuneigung begegnen. Ihre Liebe für Ihr inneres Kind ist die beste Medizin für all seine Schmerzen und Defizite.

Der Mensch denkt in Bildern. Das Bild des inneren Kindes hilft, verborgene Gefühle zuzulassen und sich selbst in Liebe zu begegnen. Erwachsene möchten sich Kindern gegenüber in der Regel liebevoll, aufmerksam und unterstützend verhalten. Der Umgang mit sich selbst ist hingegen oft von Strenge, überzogenen Anforderungen und Lieblosigkeit geprägt. Ein Großteil der Menschen denkt negativ über sich selbst, statt sich innerlich zu ermuntern oder zu loben. »Das hätte ich besser machen können!« Oder: »Jetzt ist mir das schon wieder passiert, ich bin einfach zu blöd dazu!«

Kennen Sie solche Gedanken? Innere Abwertung des eigenen Ich führt dazu, dass sich die Distanz zum inneren Kind noch vergrößert. Ein Kind möchte sich aufgehoben fühlen. Es ist schwierig, den Kontakt zum inneren Kind herzustellen und vor allem zu festigen, wenn ich in negativen Gedankenschleifen gefangen bin. Bitte überprüfen Sie deswegen immer wieder, welche Gedanken Sie sich über Ihr eigenes Wesen und Ihre Fähigkeiten machen. Und lassen Sie sich darauf ein, diese so zu verändern, dass Sie wertschätzend mit sich selbst umgehen. Zum Beispiel: »Auch wenn das heute nicht so geklappt hat, wie ich mir das gewünscht hätte, habe ich mich trotzdem lieb.« Oder: »Ich darf stolz sein auf das, was ich heute geschafft habe.«

So reagieren empathische Erwachsene auf Erfahrungen von Kindern. Wir ermuntern unsere Kinder zum Weitermachen, wenn etwas schiefgegangen ist. Aber wir bestrafen uns selbst innerlich, wenn wir etwas nicht geschafft haben. Wenn Sie Ihr inneres Kind heilen möchten, ist es deshalb wichtig, einen liebevollen und aufbauenden Umgangston in Ihrer inneren Gedankenwelt zu schaffen, sodass Sie vorwiegend positive Gedanken hegen, wenn es um Sie persönlich geht. Das braucht etwas Training, es lohnt sich aber, das immer wieder zu versuchen.

Neben der Gedankenklärung können Sie zur Heilung des inneren Kindes auch die nachfolgende Übung machen:

Übung »Heilung für das innere Kind«

Sorgen Sie dafür, dass Sie die nächste Stunde nicht gestört werden. Die Übung selbst dauert nicht so lange, es ist aber sinnvoll, wenn Sie danach noch eine Weile für sich sein können. Zudem ist es ratsam, sich für die einzelnen Schritte genügend Zeit zu lassen, damit die Bilder in der Tiefe wirken können.

1. **Raum und Zeit für sich:** Setzen oder legen Sie sich gemütlich hin. Atmen Sie tief ein und aus. Richten Sie Ihre Aufmerksamkeit ganz auf sich selbst.
2. **Die innere Mitte:** Visualisieren Sie Ihre Wirbelsäule als Säule aus weißem Licht. Gehen Sie mit der Aufmerksamkeit in diese Säule hinein.

3. **Das innere Kind:** Eingehüllt in dieses Licht entsteht vor Ihrem inneren Auge das Bild Ihres inneren Kindes. Sie sehen, wo es ist und wie es ihm geht.
4. **Die Begegnung mit dem inneren Kind:** Begeben Sie sich in das Bild hinein und nehmen Sie Kontakt auf mit dem inneren Kind. Begrüßen Sie Ihr inneres Kind, sprechen Sie mit ihm und fragen Sie es, wie es sich fühlt und was es jetzt von Ihnen braucht.
5. **Das innere Kind an die Hand nehmen:** Sobald Sie wissen, wie es dem inneren Kind geht und was es braucht, nehmen Sie es an der Hand und führen es aus dem Bild heraus. Führen Sie es aus der schwierigen Situation heraus.
6. **Mit dem inneren Kind in die Gegenwart kommen:** Laden Sie Ihr inneres Kind ein, gemeinsam mit Ihnen in die Gegenwart zu kommen.
7. **Liebe für das innere Kind:** Nehmen Sie das Kind innerlich in den Arm und schenken ihm Ihre Liebe.
8. **Heilung des inneren Kindes:** Halten Sie Ihr inneres Kind fest in den Armen und schließen Sie es langsam in Ihr Herz. Von nun an lebt das innere Kind in Ihrem Herzen und hat einen festen Platz in Ihrem Leben.

Wer es gewohnt ist, innere Persönlichkeitsarbeit zu verrichten, dem wird diese Meditation wahrscheinlich leichtfallen. Wenn man das erste Mal versucht, durch eine Meditation in Kontakt zu einem verdeckten Persönlichkeitsanteil zu kommen, kann es eine Weile dauern, bis es klappt. Sie dürfen diese Übung so oft wiederholen, wie es für Sie richtig ist. Sie können sie immer wieder in Ruhe durchführen, bis Sie spüren, dass sich in Ihrem Inneren etwas verändert. Vielleicht können Sie Ihr inneres Kind deutlich sehen, vielleicht bekommen Sie einfach ein neues Gefühl für sich selbst oder es fällt ein Druck von Ihnen ab.

Was man bei dieser Meditation sieht und fühlt, ist sehr individuell, und es gibt kein richtig oder falsch. Jeder geht seinen eigenen Weg auf sein inneres Kind zu. Wichtig ist dann zu erkennen, dass das innere Kind zwar ein Teil der Persönlichkeitsstruktur ist, dass aber gleichsam die belastende Situation von damals vorüber ist. Der erwachsene Teil darf erkennen, wie sich das Kind gefühlt hat, muss sich aber bewusst machen, dass dies kindliche Gefühle sind, die längst überholt sind. So kann der erwachsene Teil dem inneren Kind helfen und gleichzeitig realisieren, dass er bereits groß ist und über diese kindlichen Erfahrungen hinausgewachsen ist. Die innere Unterscheidung in den großen und kleinen Teil des Selbst befähigt den großen Teil, dem inneren Kind zu helfen, ohne dass der große Teil wieder in die kindlichen Gefühle zurückfallen muss. Die Heilung des inneren Kindes ist eine tiefe Persönlichkeitsarbeit. Mitunter lohnt es sich, Unterstützung bei einer Therapeutin oder einem Therapeuten zu holen, der sich mit der Arbeit mit dem inneren Kind auskennt.

Die Unterscheidung des inneren Kindes vom eigenen Kind

Nun ist es nicht nur entscheidend, dass man einen liebevollen Kontakt zum inneren Kind pflegt, es ist ebenso wichtig, dass man sich immer wieder aufs Neue bewusst macht, das eigene Kind nicht mit dem inneren Kind zu verwechseln. Die Herausforderung als Mutter oder Vater ist es, dass es einem gelingt, sich jeden Tag von Neuem auf das eigene Kind einzustellen und herauszufinden, wer es heute ist und was es heute braucht.

Um sich klarzumachen, dass Ihr Kind ein eigenständiger Mensch ist, können Sie folgende Übung machen:

Übung »Ich bin ich – du bist du«

Sie machen diese Übung für sich, Ihr Kind muss nichts davon wissen. Nehmen Sie ein weißes Blatt Papier ohne Linien. Darauf zeichnen Sie eine große stehende Acht. In den unteren Kreis schreiben Sie Ihren ganzen Namen (alle Vornamen, alle Nachnamen), in den oberen Kreis den ganzen Namen Ihres Kindes. Umfahren Sie mit dem Stift die Acht mindestens zwei Minuten lang. Dabei sagen Sie laut: »Ich bin ich. Du bist du.« Machen Sie diese Übung zwei Wochen lang jeden Tag auf dem gleichen Blatt Papier. Mit der Zeit haben Sie eine dicke Acht dastehen. Nach zwei Wochen nehmen Sie eine Schere und schneiden die Acht durch, sodass Sie zwei Kreise erhalten – Ihren Kreis und den Kreis Ihres Kindes.

Nach diesen zwei Wochen hat sich in Ihrem Bewusstsein das Wissen um die Verschiedenartigkeit gefestigt. Gleichzeitig hilft diese Übung, das Kind zu entlasten. Sie ist insbesondere dann hilfreich, wenn Ihr Kind in übertriebenem Maße auf Sie bezogen ist, sich immer an Ihnen orientiert oder nicht allein sein kann.

Kinder, die zu viel emotionale Verantwortung übernehmen oder sich in die Angelegenheiten der Eltern einmischen, werden mithilfe dieser Übung entlastet. Es ist eine sehr kraftvolle Form, Ordnung in die Familie zu bringen. Denn nur energetisch und emotional eigenständige Wesen sind wirklich in der Lage, Beziehungen so zu pflegen, dass sie zum Wohle aller sind.

Man kann die Übung auch unabhängig vom Thema des inneren Kindes einsetzen. Sie hilft immer dann, wenn man spürt, dass man selbst oder das Kind zu sehr versucht, die gegenseitige Beziehung symbiotisch zu leben.

Die Übung stärkt das innere Gefühl, dass das Kind ein eigener Mensch ist, gleichzeitig hilft sie dabei, die Hierarchie der Familie zu wahren. Symbiotische Beziehungen lassen keine Abgrenzung zu, somit steht das Kind in einer symbiotischen Mutter-Kind-, oder Vater-Kind-Beziehung automatisch auf der falschen Stufe. Sie können das korrigieren, indem Sie sich innerlich frei machen für die Variante, dass das Kind ein eigenes Ich sein darf, welches nicht von Ihnen abhängig ist und sich so entwickelt, wie es seiner Persönlichkeit entspricht. Sie wissen ja: Das Kind ist nur das Kind. Sie werden staunen, wie diese Haltung die Qualität der Beziehung zu Ihrem Kind verbessert. Sie ist kein Hindernis für Zuneigung, im Gegenteil: Sie fördert die Liebe zwischen Eltern und Kind.

Wenn die Kleinen erwachsen werden

Die energetische Treppenstufe, welche die Ebenen in der Familie regelt, bleibt für immer bestehen. Die Eltern haben die Kinder gezeugt und sind deswegen die Großen, egal, wie alt die Kinder sind. Was diese Ebenen konkret bedeuten, verändert sich aber natürlich im Laufe der Zeit.

Kinder zwischen 0 und 12 Monaten: Die Bedürfnisse der Kinder sind zentral für die Gestaltung des Tagesablaufs. Trotzdem dürfen die Eltern auch für sich sorgen. Dafür braucht es eine gute Organisation und Kommunikation zwischen den Eltern.

Kinder zwischen 1 und 5 Jahren: Die Eltern gehen, wenn möglich, auf die Bedürfnisse der Kinder ein, setzen ihnen aber klare Grenzen, wo dies angebracht ist. Die Kinder sollten möglichst wenig von den Sorgen der Eltern erfahren, damit sie unbeschwert sein können.

Kinder zwischen 5 und 10 Jahren: Die Kinder dürfen erste kleine Entscheidungen für sich treffen, zum Beispiel mit wem sie spielen wollen oder welches Hobby sie ausüben möchten. Die Eltern geben trotzdem die Regeln vor und entscheiden, was gut für das Kind ist.

Kinder zwischen 10 und 15 Jahren: Die Kinder probieren sich aus und treten bewusst über die von den Eltern gesetzten Grenzen. Die Eltern bleiben in ihren Erziehungsmaßnahmen standhaft, lassen aber zu, dass das Kind eigene Vorschläge machen darf und eine Entscheidung miteinander besprochen und eventuell auch zugunsten der Vorstellungen des Kindes geändert wird. Die Kinder dürfen erfahren, dass die Eltern auch Schwierigkeiten zu meistern haben. Wichtig ist, dass die Eltern zwar mit ihren Kindern über eigene Probleme sprechen dürfen, ihnen aber sogleich klarmachen müssen, dass sie als die Großen in der Lage sind, die Probleme selbst zu lösen.

Kinder zwischen 15 und 20 Jahre: Die Kinder werden mehr und mehr selbstverantwortlich. Die Eltern unterstützen sie in ihren Vorhaben, lassen zu, dass die Kinder auch mal Fehler machen, und helfen ihnen anschließend bei der Lösung des Problems. Die Eltern erklären den Kindern, wie sie selbst Probleme bearbeiten und wie sie emotional mit schwierigen Situationen umgehen. Es darf ein erster Austausch stattfinden, bei dem die Eltern ihre eigenen Unsicherheiten und Fragen an das Leben offenlegen. Wichtig dabei ist, dass die Kinder sehen, wie die Eltern wieder zu einer positiven Kehrtwendung kommen. So lernen die Kinder durch Modelllernen, mit den Unliebsamkeiten des Lebens umzugehen.

Kinder über 20 Jahre: Der kommunikative Austausch zwischen Kindern und Eltern darf auf Augenhöhe stattfinden, die Kinder dürfen wissen, was die Eltern beschäftigt. Jetzt sind es nicht mehr die Eltern, die dafür sorgen müssen, dass das Kind auf der unteren Stufe gut aufgehoben ist. Jetzt muss das Kind sich selbst immer wieder bewusst machen, welches seine Stufe ist. Es darf den Eltern zuhören und auch sehr persönliche Anliegen der Eltern erfahren, muss sich dabei aber immer darüber im Klaren sein, dass es nur das Kind ist und durch die persönlichen Gespräche mit den Eltern keinen Handlungsauftrag erhält, die Eltern zu retten. Es ist immer gut, wenn man sich überlegt, dass die Eltern, hätten sie keine Kinder bekommen, auch allein mit allem zurechtkommen müssten. Die Kinder sind die schöne Zugabe, die das Leben den Eltern geschenkt hat. Sie sind keine Unterstützungsmaßnahme, die das Leben der Eltern erleichtern soll.

Ich habe zu Beginn des Kapitels gesagt, dass man ein Leben lang Vater oder Mutter seines Kindes bleibt. Deswegen machen sich Eltern auch um ihre erwachsenen Kinder Sorgen. Je älter die Kinder, umso mehr bestimmen sie aber für sich, was sie ihren Eltern mitteilen möchten und in welcher Form sie Unterstützung brauchen und annehmen möchten. Dazu ist ein offener Dialog wichtig. Unterstützung und Einmischung sind zwei verschiedene Dinge. Das heißt, Eltern mit erwachsenen Kindern sollten behutsam eine Unterscheidung vornehmen zwischen Hilfe anbieten und Hilfe aufdrängen. Hilfestellungen, die ungefragt erfolgen, sind meistens nicht hilfreich. Weil die Eltern dann zwar als die Großen agieren, dabei aber vergessen, dass die Kinder inzwischen erwachsene, selbstverantwortliche Menschen sind.

Eltern über 75 Jahre: Ich werde immer wieder gefragt, wie man die Treppenstufen einhalten kann, wenn die eigenen Eltern auf konkrete Hilfe ihrer Kinder angewiesen sind, weil sie entweder krank oder betagt sind. Natürlich dürfen Kinder ihren Eltern in allen Lebensbereichen helfen, wenn diese in der Situation sind, dass sie Unterstützung brauchen. Genau wie auch Enkelkinder ihren Großeltern helfen dürfen, wenn diese Pflege bedürfen.

Das Schöne an einer Familie ist ja, dass man füreinander da ist und sich gerade in schwierigen Zeiten beisteht. Wichtig ist nur, dass sowohl die betagten, hilfsbedürftigen Eltern als auch die unterstützenden Kinder unterscheiden zwischen der konkreten Hilfeleistung und der gefühlten Hierarchie. Man kann den Umzug ins Altersheim für den eigenen Vater organisieren, ohne zu vergessen, dass er energetisch immer noch der Große ist. Es ist möglich, die betagte Mutter zum Arzt zu fahren, ohne dabei selbst groß zu werden. Man kann sogar am Sterbebett seiner Eltern sitzen, sie bis zum letzten Atemzug pflegen und dabei immer gewahr sein, dass sie über das ganze Leben gesehen die Großen waren. Die Treppenstufen sind kein äußerer Umstand, der sich durch Handlungen definiert, sondern eine innere Haltung.

Die Geschwisterreihenfolge

Neben der Familienhierarchie gibt es auch unter den Geschwistern eine klar definierte Rangfolge. Wobei es keinen Unterschied gibt zwischen dem ersten und dem letzten Platz, was die Wichtigkeit angeht. Alle Kinder sind gleich wichtig. Aber sie nehmen innerhalb der Gruppe der Kinder einer Familie unterschiedliche Plätze ein.

Aufgaben und Rollen der einzelnen Geschwister

Es macht einen Unterschied, ob man in der Familie das älteste oder das jüngste Kind ist. Die Kindheit steht unter anderen Voraussetzungen, je nachdem, wie viele Geschwister man hat und an welcher Stelle der Geschwisterreihe man geboren wurde. Nicht nur die Beziehung zu den Eltern wird durch die Reihenfolge geprägt, auch die Geschwister untereinander stehen in anderen Verbindungen, je nachdem, wer welchen Platz innehat.

Das erste Kind. Das erste Kind hat den Vorteil, über eine gewisse Zeit seines Lebens die ungeteilte Aufmerksamkeit seiner Eltern genießen zu können. Die Eltern haben zu Beginn seines Lebens viel Zeit und viel Energie, die nur für das eine Kind benötigt wird. Der Nachteil mag sein, dass die Eltern erst in die Elternrolle finden müssen, vielleicht eher ängstlich oder unsicher sind. Das erste Kind muss sich Dinge erkämpfen, die für die später geborenen Kinder selbstverständlich sind, wie zum

Beispiel allein zum Spielplatz gehen oder später in der Pubertät samstagabends ausgehen zu dürfen. Kommen kleinere Geschwister dazu, erwarten die Eltern vom ersten Kind oft, dass es Verantwortung für die Jüngeren übernimmt. Oder zumindest Verständnis dafür zeigt, dass es zugunsten der kleineren Geschwister zurückstecken muss.

Das älteste Kind erlebt also den Widerspruch von erstmalig ungeteilter Aufmerksamkeit und später hohen Erwartungen im emotionalen Bereich. Wichtig scheint mir dabei, dass die Eltern sich bewusst machen, dass das erste Kind kein kleiner Erwachsener ist, egal, wie empathisch und verantwortungsbewusst es ist. Es darf nicht passieren, dass das erstgeborene Kind als Stellvertreter der Eltern eingesetzt wird und auf seine kleinen Geschwister aufpassen muss. Natürlich kann das in einer einzelnen Situation einmal so sein, aber es darf nicht zum Grundanspruch der Eltern werden. Ansonsten heben die Eltern das erste Kind wiederum auf die energetische Stufe der Eltern. Das ist zu viel Druck für das Kind und schadet der Beziehung der Geschwister untereinander, weil eines der Kinder aus der Reihe der Kinder gerissen und auf die Elternstufe gestellt wird.

Auch sollte nicht zu viel Verständnis eingefordert werden. Nehmen wir an, der große Bruder (5) baut mit Legosteinen ein tolles Gefährt und der kleine Bruder (2) macht es kaputt, weil er es unbedacht heftig auf den Boden wirft. Als einmaliges Ereignis ist das nicht tragisch, wiederholt sich die Situation so oder so ähnlich aber jeden Tag, kann man nicht erwarten, dass der große Bruder stets souverän gelassen darauf reagiert, ist er doch selbst noch ein Kind.

Was für die erstgeborenen Kinder ebenfalls zur Herausforderung werden kann, ist, dass man von ihnen mehr Kooperation und Mithilfe erwartet als von den kleineren Kindern. Eine Neunjährige kann und soll bei kleineren Hausarbeiten wie Tischdecken, Zimmer aufräumen und Ähnliches mithelfen. Hat sie eine kleine Schwester von drei Jahren, wird diese verständlicherweise von solchen Aufgaben entbunden sein. Dieses Gefälle an

Mitwirkung im Familienalltag ist für die Kinder nicht leicht. Rational wird die ältere Schwester verstehen, dass nur sie helfen muss. Emotional mag es sie trotzdem bedrücken, dass die kleinere Schwester aufgrund ihres Alters Vorteile genießt. Es ist somit ratsam, dass die ältesten Kinder nicht nur altersgemäße Pflichten übernehmen müssen, sondern im Gegenzug dazu auch Privilegien erhalten. Das können kleine Dinge sein, wie abends länger wach bleiben, eine kleine Nachspeise, wenn die kleineren Geschwister bereits im Bett sind, mehr Fernsehzeit oder auch größere Annehmlichkeiten wie hin und wieder einen Nachmittag allein mit Mama oder Papa verbringen zu dürfen. Das Kind muss spüren, dass es nicht nur Last, sondern auch Freude ist, das älteste unter den Geschwistern zu sein.

Das zweite Kind. Beim zweiten Kind sind die Eltern meist etwas entspannter als beim ersten, weil sie bereits über Erfahrung im Elternsein verfügen. Sie haben erlebt, dass eine Magen-Darm-Grippe wieder vorbeigeht und dass ein Kind auch ohne strikt eingehaltenen Stillplan genügend versorgt wird.

Kommt das zweite Kind zur Welt, erlebe ich in der Beratung sehr häufig ein spannendes Phänomen: Die Mutter kommt mit beiden Kindern zu mir und erzählt mir von ihrem schlechten Gewissen dem ersten Kind gegenüber, weil sie nun weniger Zeit hat. Ich kann förmlich spüren, wie diese Sorge viele Mütter ehrlich umtreibt. Ich habe selten gehört, dass sich eine Mutter Sorge macht, das zweite Kind könne zu wenig Aufmerksamkeit bekommen. Dabei ist das doch genau das, was bei rein logischer Betrachtung passiert: Das erste Kind hat einen Vorsprung an elterlicher Aufmerksamkeit, welchen das zweite Kind kaum aufholen kann, allein durch die Tatsache, dass immer noch jemand anderes da ist. Man müsste also vielmehr dem zweiten Kind gegenüber ein schlechtes Gewissen haben. Doch das kommt niemandem in den Sinn. Und so kann ich die Mütter beruhigen: Das erste Kind wird nach einer Zeit der Umgewöhnung sehr wohl emotional damit zurechtkommen, dass noch ein weiteres Kind in die Familie gekommen ist. Natürlich passiert aus psychologischer Sicht eine Art »Entthronung«, die sich auch als narzisstische Verletzung zeigen kann, doch Kinder sind in der Lage, diese Veränderung langfristig gut zu verarbeiten. Zumal sie ein inneres Reservoir an elterlicher Liebe haben, welches in der Zeit ohne Geschwister bis zum obersten Rand gefüllt wurde und das auch über die Zeit der Umstellung nach der Geburt des zweiten Kindes hinweghilft.

Das zweite Kind hat neben dem Vorteil der entspannten Eltern das Glück, eine ältere Schwester oder einen älteren Bruder zu haben. Diese helfen dem Kind, sich gut in der Welt zurechtzufinden. Das führt dazu, dass die zweiten Kinder oftmals geerdeter erscheinen als die Erstgeborenen und das Leben leichter zu nehmen scheinen. Sie haben nicht nur die Eltern, sondern auch noch das Geschwisterkind als Stütze und fühlen sich deswegen gut aufgehoben.

Das zweite Kind muss sich allerdings vom ersten Kind abgrenzen und eine eigene Position in der Familie einnehmen. Das typische Beispiel dafür ist, dass das zweite Kind zum Rebellen wird oder sich bewusst aufmüpfiger verhält als das erste. Die an zweiter Stelle geborenen Kinder leiden aber unter Umständen darunter, dass sie immer mit dem älteren Bruder oder der älteren Schwester verglichen werden. Von dieser Vorlage möchten sie sich lösen. Deswegen suchen sie mehr Auseinandersetzungen mit den Eltern und Geschwistern, um eine eigene Identität entwickeln zu können.

Kommt ein drittes Kind dazu, ist es entscheidend, dass die Eltern das zweite Kind nicht aus den Augen verlieren. Man spricht von den Zweitgeborenen gerne als die »Sandwichkinder«, die in der Mitte der Familie eingeklemmt sind und weder die Vorreiterrolle des ersten Kindes noch die Einzigartigkeit des jüngsten Kindes innehaben.

Das dritte Kind. Das dritte Kind erfährt Unterstützung von zwei größeren Geschwistern. Unter Umständen bekommt es aber auch den Unmut der anderen beiden zu spüren, dass noch jemand die Aufmerksamkeit von Mama und Papa einfordert. Beim dritten Kind sind die Zuschreibungen nicht so klar wie bei den ersten beiden. Es hängt davon ab, ob noch weitere Kinder geboren werden. Bleibt das dritte Kind das letzte Kind, hat es eine eindeutige Rolle. Kommt noch ein viertes Kind dazu, ist das dritte eines unter vielen, das versuchen muss, seine Individualität zu entwickeln und in die Familie einzubringen.

Generell kann man sagen: Das jüngste Kind bekommt ähnlich wie das älteste Kind einen Sonderstatus und damit verbunden viel Aufmerksamkeit. Das »süße Kleine« wird von den Geschwistern, vor allem aber auch von der Mutter häufig verniedlicht und bewusst oder unbewusst kleingehalten. Die Mutter weiß, dass es das letzte Mal sein wird, dass sie eine Schwangerschaft und Geburt erlebt, und möchte deswegen die Kleinkindphase besonders bewusst erleben und genießen. Dem ist nicht zu widersprechen, solange man nicht in die Dynamik rutscht, dass das jüngste Kind zum Chef der Familie wird. Passiert dies beim ersten Kind, ist es schon verheerend genug, das haben wir bereits besprochen. Wird aber das zuletzt geborene Kind auf den Chefposten der ganzen Familie gehoben, haben wir nicht nur eine verdrehte Familienhierarchie betreffend Eltern und Kinder, sondern dazu auch noch unter den Geschwistern. Da werden die älteren Geschwister mit Recht negativ darauf reagieren, was die Beziehung unter den Geschwistern schwer belastet.

Die Geschwister haben untereinander grundsätzlich keine Aufgaben zu erfüllen. Sie wachsen miteinander auf und gehören alle zur Gruppe der Kinder dieser Familie. Die älteren Geschwister haben nicht den Auftrag, die Jüngeren zu erziehen. Natürlich bringt ein Vorsprung an Lebenserfahrung die Möglichkeit mit sich, den jüngeren Kindern mit Rat und Tat zur Seite zu stehen. Tun die älteren Geschwister dies aus freien Stücken, kann das eine schöne Form der geschwisterlichen Unterstützung sein. Die Eltern sollten aber nie erwarten, dass das eine Kind sich um das andere kümmert. Dies bleibt die Aufgabe der Eltern, egal, wie viele Kinder man hat.

Die Beziehung der Geschwister untereinander kann nur dann entspannt und liebevoll sein, wenn jeder auf dem Platz steht, der ihm zusteht. Geschwister versuchen durch kleine Konkurrenzkämpfe oder Sticheleien, einander auf den richtigen Platz zu stellen. Jede Gruppe hat eine inhärente Logik und Hierarchie. So auch die Geschwister innerhalb einer Familie. Wird zum Beispiel der zweite Sohn vom Vater immer bevorzugt, weil er genau wie der Vater als Kind gern Fußball spielt, während der erste Sohn sich mehr für Kunst interessiert und in seiner Freizeit Theater spielt, kann es zu Problemen führen, wenn der Vater ausschließlich Zeit mit dem zweiten Sohn verbringt. Oder wenn die kleinste Tochter jede Nacht bei den Eltern im Bett schlafen darf, während man von den älteren Geschwistern erwartet, dass sie in ihrem Zimmer bleiben. Wird ein Kind bevorzugt, verschiebt das die natürliche Geschwisterreihenfolge. Zumindest im Gefühl der Kinder, denn sie möchten deutlich spüren, dass für die Eltern alle Kinder gleich wichtig sind.

Was die Wertigkeit betrifft, sind alle Kinder gleich. Trotzdem gibt es eine klare energetische Rangfolge unter den Kindern, die für Ordnung sorgt: Das erste Kind ist die Nummer 1, das zweite Kind die Nummer 2, das dritte Kind die Nummer 3 etc. Daran lässt sich nicht rütteln und darüber sollte im Bewusstsein aller Familienmitglieder Klarheit herrschen. Das ist für die nachgeborenen Geschwistern nicht unbedingt lustig. Sie werden nie die Nummer 1 sein. Aber erst wenn sie dies akzeptieren, können sie innerhalb der Familie den Platz einnehmen, der ihnen gehört. Nur auf dem richtigen Platz kann man sich entfalten.

Wenn Sie der Meinung sind, Ihre Kinder hätten zu wenig Klarheit betreffend der Geschwisterreihenfolge oder wenn Ihre Kinder dauernd Machtkämpfe untereinander austragen, kann folgende Übung hilfreich sein:

Übung »Die richtige Sitzordnung«

Um die Rangfolge spürbar zu machen, hilft eine klare Sitzordnung bei Tisch. Setzen Sie sich als Familie so an den Esstisch, dass vom Vater aus gesehen die Familienmitglieder im Uhrzeigersinn gemäß der energetischen Rangfolge platziert werden: Vater, Mutter, erstes Kind, zweites Kind, drittes Kind etc.

Es spielt keine Rolle, welche Form der Esstisch hat, wichtig ist nur die Abfolge. Bei kleinen Kindern kann es hinderlich sein, wenn die Eltern nebeneinander sitzen, weil die Kinder noch Unterstützung beim Essen bleiben. Je älter die Kinder, umso hilfreicher ist aber diese Sitzordnung. Damit befindet sich jeder automatisch auf dem energetisch richtigen Platz.

Diese Tischordnung habe ich von Bert Hellinger übernommen, der sagt: »Das ist eine Tischordnung, die Frieden stiftet.«[17] Ich habe bei vielen Familien beobachten können, dass durch diese Ordnung die Mahlzeiten viel entspannter abgelaufen sind und die Kinder länger am Tisch sitzen blieben als zuvor. Zudem trägt sie allgemein zu einem entlasteten Verhältnis der Geschwister untereinander bei. Es lohnt sich, dies auszuprobieren!

Die energetische Ordnung innerhalb der Familie herzustellen, ist eines der obersten Ziele der Familienbalance. Weil nur aus der Ordnung Harmonie entstehen kann, die zu liebevollen und tragfähigen Beziehungen sowohl zwischen den Geschwistern als auch zwischen Eltern und Kindern führt.

Nun ist es aber so, dass die Beziehungen der Eltern zu den einzelnen Kindern niemals identisch sein können. Dies hat nichts mit den Ordnungen innerhalb der Familie zu tun, sondern ganz einfach damit, dass man zu jedem Menschen eine ganz eigene Beziehung aufbaut. Es ist ein Mythos, dass man als

Mutter oder Vater alle seine Kinder auf die gleiche Weise lieben kann. Das ist schlicht nicht möglich, weil jedes Kind eine eigene Persönlichkeit ist und jede Beziehung ganz individuell gelebt wird. Man müsste diese Vorstellung also korrigieren von: »Eltern lieben alle Kinder gleich« zu »Eltern lieben jedes ihrer Kinder auf eine andere, aber gute Weise.«

Das ist völlig in Ordnung, wenn man die einzelnen Formen von Liebe und Beziehung nicht gegeneinander aufwiegt. Eltern setzen sich unnötig unter Druck, wenn sie von sich erwarten, jedes ihrer Kinder gleich lieben zu können. Ich erkläre es gern mit Farben: Die Beziehung zum ersten Kind erscheint beispielsweise in Rosa, während die Beziehung zum zweiten Kind eher grün schimmernd ist. Wer könnte bestimmen, ob eine rosa oder eine grüne Beziehung mehr wert ist? Man kann Beziehungen untereinander nicht aufwiegen, genauso wenig wie man ein Gefühl für einen Menschen auf einen anderen übertragen kann. Es macht nichts, wenn Sie für Ihre Kinder nicht exakt die gleichen Gefühle hegen. Wichtig ist nur, dass Sie jedem Kind seinen Platz in der Familie zugestehen und keines der Kinder bevorzugen.

Es ist nicht jeden Tag möglich, dass man allen Kindern gleich viel Aufmerksamkeit und Zeit widmet. Es darf Zeiten geben, in denen ein Kind mehr Unterstützung benötigt als die anderen. Über die gesamte Zeitspanne des Aufwachsens wird es ausgeglichen sein. Mit bevorzugen meine ich mehr, dass man innerlich nicht einem Kind mehr Bedeutung beimisst als den anderen. Alle Kinder, die zu einer Familie gehören, sind gleich bedeutsam – sogar diejenigen, die nicht geboren wurden.

Seelenkinder und ihre Wichtigkeit für die Familie

Mein größtes Herzensthema in der Arbeit mit Familien ist die Bedeutung der Seelenkinder.[18] Was sind Seelenkinder?

Den Begriff Seelenkinder habe ich geprägt. Es sind die Kinder, die bei einer Fehlgeburt oder Abtreibung verstorben sind. Es sind die Kinder, die nur wenige Tage oder Wochen im Bauch der Mutter bleiben konnten. Wir können unser Leben nicht mit ihnen teilen, weil sie bereits in den ersten Schwangerschaftswochen verstorben sind. Wie der Name schon sagt, sind sie dennoch unsere Kinder, einfach auf seelischer Ebene. Seelenkinder auch deshalb, weil der Aspekt der Seele in ihrem Sein mehr betont ist als der Aspekt des Körpers.

Stirbt ein Kind während der frühen Schwangerschaft, haben die Eltern nicht die Möglichkeit, das Kind zu sehen oder zu berühren. Die Schwangerschaft wird durch die Fehlgeburt entweder in Form einer starken Blutung oder mittels eines medizinischen Eingriffes, einer sogenannten Curettage beendet. Je früher die Fehlgeburt einsetzt, umso kleiner ist der Körper des Kindes. Die Eltern haben somit keine Möglichkeit, sich direkt von ihrem Kind zu verabschieden. Das Kind bleibt in den Gedanken der Eltern eine reine Vorstellung.

Und trotzdem ist es wichtig, dass die Eltern um ihr Seelenkind trauern dürfen. Die Trauer nach einer Fehlgeburt ist ein wichtiger Bestandteil im Prozess der Verarbeitung. Und sie signalisiert der Seele des Kindes, dass es trotz seines Todes für die Eltern wichtig ist. Alle Seelenkinder möchten ein Teil der Familie sein.

Ich will gern erklären, warum die Seelenkinder für die Gesamtharmonie der Familie entscheidend sind. Ich komme deswegen noch einmal zurück auf den Vorgang der Zeugung. Eine Zeugung kann nur stattfinden, wenn ein dreifaches Ja gegeben ist: das Ja der Seele der Mutter, das Ja der Seele des Vaters und das Ja der Seele des Kindes. Es braucht diese seelische Zustimmung, damit die Zeugung vollzogen wird, selbst bei einer künstlichen Befruchtung. Diese Zustimmung kann man sich als positiven energetischen Impuls vorstellen. Es braucht diesen Impuls, damit mehr passiert als reine Zellteilung. Ohne den seelischen Impuls des Kindes stoppt die Zellteilung nach kürzester Zeit. Das gegenseitige Ja aber erschafft ein energetisches Feld, welches es der Seele des Kindes ermöglicht zu inkarnieren. Da die Zustimmung auf seelischer Ebene erfolgt und nicht etwa im Verstand (sonst gäbe es keine ungewollten oder überraschenden Schwangerschaften), gibt es eine verbindende Energie zwischen den Eltern und ihrem Kind, noch bevor die Eltern von der Schwangerschaft wissen. Die Verbindung entsteht durch die Zeugung und, das ist jetzt das Interessante daran, sie dauert über den Tod hinaus. Jeder, der einmal Teil der Familie war, bleibt auch nach seinem Tod mit der Familie verbunden. Das ist uns sehr bewusst, wenn die Großmutter nach einem reich erfüllten Leben stirbt. Wenn wir uns an gemeinsame Erlebnisse erinnern können und jedes Mal sentimental werden, wenn wir selbst den Schokoladenkuchen backen, den sie uns als Kind jeweils zum Geburtstag serviert hat.

Dass jemand nach einer sehr kurzen Lebensdauer, die nur im Bauch der Mutter stattgefunden hat, ebenfalls für immer Teil der Familie bleibt, ist den meisten Menschen nicht bewusst. Das ist sehr schade, denn dieses Wissen kann so viel Leid in Familien ersparen, welches unweigerlich entsteht, wenn man die Bedeutung der Seelenkinder nicht kennt und nicht weiß, welchen Einfluss sie auf das Wohlbefinden ihrer Geschwister nehmen können.

Wenn das Seelenkind vergessen wird

Ich vertrete mit meinen Aussagen ein spirituell geprägtes Verständnis von Leben. Da die dahinterliegenden Mechanismen aber auch in Familien sichtbar sind, die ein anderes Verständnis haben, glaube ich, sagen zu können, dass es grundlegende Mechanismen sind, die in allen Familien bewusst oder unbewusst wirken. Das bedeutet, sobald eine Zeugung stattgefunden hat, gehört dieses Kind für alle Zeiten zur Familie, egal, wie lange die Schwangerschaft dauert.

Die Reihenfolge der Kinder wird genau aus diesem Grund nicht nach der Geburt, sondern nach der Zeugung definiert. Ein Beispiel: Familie Meier erwartet das erste Kind. In der zehnten Schwangerschaftswoche kommt es unvorbereitet zu einer Fehlgeburt. Ein Jahr später bekommt die Familie ihr zweites Kind, es ist ein Mädchen mit dem schönen Namen Julia. Das Familienglück ist perfekt, und kurz darauf kommt auch noch Lars zur Welt. Im Alltag bedeutet das für Familie Meier: Julia ist die Erstgeborene, die Nummer 1, und Lars folglich Nummer 2.

Bloß so ist es nicht. Die Nummer 1 weilt nicht unter den Lebenden und doch ist das Seelenkind die klare Nummer 1. Julia gehört auf den zweiten und Lars auf den dritten Platz. Es kann auch sein, dass eine vermeintliche Nummer 3 in Wahrheit die Nummer 4 ist. Nämlich wenn man nach dem zweiten Kind ein Kind verloren hat und erst bei der vierten Schwangerschaft das dritte lebende Kind zur Welt gekommen ist. Vielen Eltern ist die richtige Reihenfolge ihrer Kinder nicht bewusst, weil sie nur die lebenden Kinder zählen. Damit vermitteln sie ihren Kindern aber ein falsches Familienbild.

Das falsche Bild führt unweigerlich zu Problemen. Erstens wird dem Seelenkind sein Platz in der Familie verwehrt. Durch das Vergessen oder bewusste Ignorieren des Seelenkindes sprechen ihm die Eltern seine Zugehörigkeit zur Familie ab. Sie schließen das Seelenkind bewusst oder unbewusst aus. Dies führt zu einer energetischen Spannung innerhalb der Familie, welche die Kinder spüren können. Kinder reagieren sehr sensibel auf kleinste energetische Veränderungen. Und auch wenn sie verstandesmäßig nichts von der Fehlgeburt wissen, spüren sie doch, dass in der Familie etwas nicht stimmt. Gerade die Sprachlosigkeit der Eltern, wenn sie mit ihren Kindern nicht über eine erfolgte Fehlgeburt sprechen, führt bei den Kindern zu Problemen. Sie spüren, dass es ein energetisches Ungleichgewicht gibt, können sich aber nicht erklären, woher dieses kommt. Diese Unsicherheit verstärkt die gefühlte Spannung und führt dazu, dass die Kinder auffällige Verhaltensweisen entwickeln, um auf das Ungleichgewicht hinzuweisen. Das geht von Einschlafschwierigkeiten über Aggressionen, übermäßigen Streit unter den Geschwistern bis zu körperlichen Beschwerden oder Mobbingerfahrungen in der Schule.

Zweitens kennen die lebenden Kinder ihren richtigen Platz innerhalb der Familie nicht, wenn das Seelenkind nicht mitgezählt wird. Kinder möchten aber ihren Platz kennen, und insbesondere die Beziehung unter den Geschwistern leidet darunter, wenn es ein Chaos in der Reihenfolge gibt. Das Chaos entsteht, wenn die Kinder nicht wissen, dass noch eine zusätzliche Seele in das Familiensystem gehört. Die Kinder sind dann gezwungen, unter sich die richtige Reihenfolge zu finden. Was zu heftigen Streitereien und absurden Wettbewerben führt. Weil ein Platz nicht ausgefüllt wird, hüpfen die Kinder auf verschiedenen Plätzen umher und versuchen jeden Tag von Neuem eine stimmige Reihenfolge zu ermitteln. Das kann so weit gehen, dass sie dauernde Kämpfe miteinander ausführen, sich gegenseitig nichts gönnen und ständig eifersüchtig aufeinander sind. Wehe, die Mama bleibt beim Gute-Nacht-Sagen eine halbe Minute länger bei einem der Geschwister, dann wird sofort protestiert. Oder die Kinder unternehmen gefährliche Aktionen, steigen auf zu hohe Bäume oder veranstalten Wettrennen in halsbrecherischer Geschwindigkeit, nur um einen Sieger zu küren. Das Traurige dabei ist, dass sie nie gewinnen können. Sie werden nie die stimmige Variante finden, solange sie nichts von dem Seelenkind wissen.

Drittens kann es passieren, dass eines (oder mehrere) der Geschwister langfristige Probleme entwickelt, bis hin zu Identitätsschwierigkeiten, weil es einerseits seinen Platz nicht kennt und andererseits unbewusst versucht, für das Seelenkind mitzuleben. Wenn da ein leerer Platz in der Familie ist, muss der ausgefüllt werden – soweit die unbewusste Kinderlogik. Den Platz ausfüllen bedeutet meist, dass die Kinder überintensiv leben. Viele Anzeichen einer sogenannten Hyperaktivität lassen sich darauf zurückführen. Das Kind spürt die Abwesenheit seines früh verstorbenen Geschwisterchens und möchte unbewusst dem Seelenkind die Möglichkeit geben zu leben. Es ist, als ob das Kind mit seinem auffälligen Verhalten sagen würde: »Ich lebe für dich mit!«

Andere Anzeichen für eine Kompensation des verlorenen Kindes durch ein Geschwisterkind können auch körperliche Probleme sein, Schwierigkeiten im Umgang mit anderen Kindern oder der laut geäußerte Wunsch, das eigene Geschlecht wechseln zu wollen. Ein Mädchen, das sich sehnlichst wünscht, es wäre ein Junge, und jede Gelegenheit nutzt, um im Spiel die Rolle eines Jungen übernehmen zu können – zum Beispiel als Ritter oder Räuber oder ganz normaler Junge – hat mit großer Wahrscheinlichkeit einen Bruder, der früh während der Schwangerschaft verstorben ist.

Wissen Kinder nicht, dass die Mutter vor oder nach ihnen ein Kind verloren hat, so prägt gerade der Umstand des Nichtwissens sie in ihrer Gefühlswelt. Weil sie es unbewusst eben doch wissen! Nur bringen sie dann ihr Gefühl und die äußerlich dargestellten Tatsachen nicht zusammen. Diese Spannung führt zu Verhaltensproblemen.

Es ist für Kinder ganz wichtig, dass sie einerseits ihren energetisch richtigen Platz kennen, andererseits aber auch die Familie in ihrer wahren Größe erfahren dürfen. Es ist leider immer noch so, dass uns als Gesellschaft ein offener Umgang mit dem

Thema Fehlgeburt fehlt. Obwohl in rund 50 % aller Schwangerschaften eine Fehlgeburt eintritt, wird darüber größtenteils geschwiegen. Die Eltern bleiben mit ihrer Trauer und ihren Fragen allein. Dabei würde gerade das Gespräch mit Freunden, Familie und Fachpersonen helfen, den Verlust besser verarbeiten zu können. Weil wir gesellschaftlich noch keine Konventionen haben, welche eine Fehlgeburt ebenfalls als Trauerfall anerkennen würden, geistert die Idee herum, es sei ja nicht so schlimm, wenn ein Kind ganz zu Beginn der Schwangerschaft verstirbt. Das passiere halt, und man könne weiter versuchen, schwanger zu werden. Damit werden sowohl die Eltern emotional im Stich gelassen als auch die Seelenkinder in keinster Weise gewürdigt. Man spricht ihnen jegliche Daseinsberechtigung ab, bloß weil ihr Leben nur von sehr kurzer Dauer war. Und doch sage ich: Sie haben gelebt. Sie sind echt. Und sie sind wichtig. Für ihre Eltern und vor allem auch für ihre Geschwister. Den Geschwistern geht es nur gut, wenn sie die richtige Zusammensetzung der Familie kennen und wenn niemand, auch kein Seelenkind, ausgeschlossen wird. Kinder sehnen sich nach Harmonie. Die gibt es nur, wenn alle Familienmitglieder beachtet werden, die Lebenden und die Toten.

Die Bedeutung der Seelenkinder für die Paarbeziehung

Wird in einer Beziehung ein Kind gezeugt, so verbindet dieses Kind seine Eltern energetisch miteinander. Durch die Zeugung wurde aus diesem Paar eine Familie, selbst wenn das Kind nicht zur Welt kommt.

Jeder Mensch geht anders mit Verlust um, insbesondere mit dem frühen Verlust eines Kindes. Es gibt Mütter und Väter, die sind untröstlich, wenn sie sich zu früh von einem Kind verabschieden müssen. Andere sind froh, wenn es zu einer Fehlgeburt kommt, weil vielleicht der Zeitpunkt nicht stimmt. Oder man entscheidet sich gar für eine Abtreibung und führt den Tod des Kindes willentlich herbei. Weswegen eine Schwangerschaft nicht bis zum Ende Bestand hat, ist sehr unterschiedlich. Aber etwas ist immer gleich: Der Verlust des Kindes führt zu emotionalen Reaktionen bei den Eltern. Jeder, der mit dem vorschnellen Ende einer Schwangerschaft konfrontiert wird, fühlt irgendetwas. Es geht nicht ohne Gefühle.

Haben die Frau und der Mann sehr ähnliche Gefühle, können sie sich gegenseitig unterstützen. Tauchen unterschiedliche Gefühle auf, wird es komplexer. Es ist so individuell, was der Verlust mit einem macht, dass es ganz schwierig ist, allgemeine Ratschläge zu geben. Nur eines: Wenn Sie zu früh von einem Kind Abschied nehmen mussten, sprechen Sie mit Ihrem Partner oder Ihrer Partnerin darüber. Erzählen Sie einander, wie Sie den Verlust erlebt haben, was Sie brauchen und was sich jeder vom anderen wünscht.

Manchmal ist nicht auf den ersten Blick sichtbar, welche Gefühlsreaktionen eine Fehlgeburt auslöst, die Folgen können zeitversetzt auftreten.

Frau Sieber kommt zu mir, weil sie keine Lust mehr hat, mit ihrem Mann zu schlafen. Sie fühlt sich ihm emotional sehr nahe, möchte auf keinen Fall die Beziehung infrage stellen, aber seit geraumer Zeit möchte sie keinen Sex mehr. Sie ist traurig darüber und auch für ihren Mann ist die Situation sehr belastend. Vor allen Dingen, weil Frau Sieber nicht weiß, warum sie keine Lust mehr hat. Sie wünscht sich eine mediale Lebensberatung. Ich nehme wahr, dass ihr Sakralchakra, das sexuelle Energiezentrum im Unterleib, blockiert ist, und erkläre ihr, dass ihr Bauch energetisch verschlossen und verkrampft ist. Zudem sehe ich das Bild eines schlafenden Babys. Auch dies teile ich ihr mit. Da bricht Frau Sieber in Tränen aus und erzählt mir von ihrer Fehlgeburt, die sie vor zwei Jahren hatte. »Dieses Kind ist in mir gestorben.« So formuliert sie das Geschehene. »Durch die Sexualität mit meinem

Mann wurde erst Leben geschaffen, doch dann kam der Tod!« Sie weint leise. Da sie unbewusst Sex und Tod vereint, ist es nur verständlich, dass sie sich nicht mehr darauf einlassen kann. Ich erläutere ihr, dass dieses Kind immer noch zu ihr gehört, auch wenn es nicht lebt. Frau Sieber versucht vorsichtig, sich emotional auf das Seelenkind einzulassen. Das braucht seine Zeit und auch die innere Trennung von Sex und Tod gelingt nicht auf Anhieb. Mittlerweile ist sie aber auf einem guten Weg und fühlt sich ihrem Mann wieder näher.

Nicht nur das Kind an sich verbindet das Paar, auch der Verlust kann verbindend wirken. Oder trennend – nämlich dann, wenn sich das Paar im Prozess des Abschiednehmens nicht findet. Oder wenn einer der Partner dem Seelenkind weniger Bedeutung beimisst als der andere. Ich höre sehr oft von meinen Klientinnen, dass sie selbst sich sehr bewusst sind, dass ein verlorenes Kind in die Familie gehört, dass der Vater von diesem Umstand aber nichts hören will. Dann steht das Seelenkind zwischen den Eltern und wirkt als Hindernis zwischen Frau und Mann. Solche Partnerschaften geraten früher oder später in Bedrängnis, weil die Partner emotional nicht mehr zueinander finden. Auch deswegen möchte ich mit meinen Büchern Aufklärungsarbeit leisten und zeigen, wie wichtig die Anerkennung der Seelenkinder für das Wohl der gesamten Familie ist.

Spezialfall Abtreibung

Ein ungeborenes Kind wird nicht ausschließlich durch eine Fehlgeburt zu einem Seelenkind, nein, es kann auch durch eine Abtreibung so weit kommen. Das geschieht sogar sehr häufig. In der Schweiz werden gemäß Bundesamt für Statistik jährlich rund 10 000 Kinder abgetrieben. Im Vergleich zu den Zahlen der Lebendgeburten ergibt sich daraus eine Rate von 10 Prozent.

In anderen Worten: Jedes zehnte Kind wird abgetrieben. Die Zahlen für Deutschland sind vergleichbar, wobei für beide Länder im internationalen Vergleich eine tiefe Abtreibungsrate ausgewiesen ist. Das heißt, in anderen Ländern werden prozentual mehr Kinder abgetrieben. Es gibt weltweit somit eine unvorstellbare Zahl an Seelenkindern. Und sie alle sind in ihren Familien bewusst oder unbewusst spürbar.

Leider sind sich sowohl Eltern als auch Fachpersonen noch zu wenig darüber im Klaren, welche emotionalen und energetischen Folgen eine Abtreibung für die ganze Familie hat. Gibt es lebende Geschwister, egal, ob diese vor oder nach der Abtreibung geboren werden, sind sie mit dem Seelenkind verbunden, auch wenn sie nichts davon wissen. Gerade das Nichtwissen wiegt in den Familien schwer. Insbesondere dann, wenn die Eltern gefühlsmäßig nicht zu ihrer Entscheidung stehen und versuchen, das Geschehene zu verdrängen. »Das ist schon so lange her!«, sagen sie dann. Oder: »Ich war noch ganz jung.« Um die Schwere der Entscheidung nicht fühlen zu müssen, wird sie entweder verharmlost oder komplett tabuisiert. Dabei ist gerade eine Abtreibung ein wichtiger und unauslöschlicher Teil der Familiengeschichte.

Man kann das bei Familienaufstellungen mit Erwachsenen gut sehen. Wenn sich da zeigt, dass die Eltern sich irgendwann für eine Abtreibung entschieden haben, ist das im ersten Moment zwar sehr emotional und schwierig, gleichzeitig gibt es den Aufstellenden aber sehr viel Klarheit und Erleichterung. Weil eine Spannung wegfällt, unter der sie ihr Leben lang gelitten haben. Endlich können sie verstehen, warum sie zum Beispiel ein schlechtes Gewissen haben, wenn sie Glück erfahren. Oder warum die Mutter bei Familienfeiern jedes Mal anfängt zu weinen, ohne einen Grund dafür zu nennen. Es kann sogar erklären, warum die Eltern nicht mehr fähig sind, einander in die Augen zu schauen. Eine Abtreibung wirkt im Familiensystem, und je weniger man sie thematisiert, umso heftiger wird die negative Wirkung.

Um dies zu lösen, ist es wichtig, dass die Eltern innerlich ganz zu ihrer Entscheidung stehen. Sie müssen zugeben, dass die Abtreibung im Moment des Vollzugs für sie der richtige Weg war. Gleichzeitig müssen sie innerlich die Folgen aus diesem Entschluss bejahen. Durch die Abtreibung wird das Bedürfnis der Eltern höher gewichtet als der Wunsch des Lebens, sich zu entfalten. Man könnte auch sagen, das Wohlbefinden der Eltern wird über den Lebensimpuls des Kindes gestellt. Es ist nicht einfach, dies zu verkraften. Salopp gesagt, spielen die Eltern Gott, indem sie über Leben und Tod des Kindes entscheiden. Welche emotionalen Folgen das für sie selbst und für ihre anderen Kinder haben kann, darüber sind sich viele nicht bewusst. Es ist wichtig, dass Frauen entscheiden dürfen, ob sie sich eine Schwangerschaft und die Sorge um ein Kind zutrauen. Es ist aber verheerend, wenn Abtreibungen nicht aus einer inneren Not heraus entschieden werden, sondern weil eine Schwangerschaft gerade nicht in den Lebensplan passt. Abtreibung ist keine Verhütungsform. Ich wünsche mir, dass wir als Gesellschaft noch bewusster mit diesem Thema umgehen und dass Abtreibungen nicht leichtfertig eingesetzt werden.

Auch wenn Mutter oder Vater im Verstand die Umstände, die zur Abtreibung geführt haben, für sich klären, bleibt emotional etwas hängen. Unbewusst fühlt man sich schuldig und möchte diese Schuld wiedergutmachen. Doch das kann man nicht. Egal, wie liebevoll man sich um die anderen Kinder kümmert oder wie sehr man sich im Job aufopfert, nichts kann die Abtreibung ungeschehen machen. Vielen Menschen fällt es nach einer Abtreibung schwer, wieder glücklich zu sein. Oftmals geht in der Folge die Partnerschaft auseinander oder es entwickeln sich körperliche Symptome wie scheinbar unerklärbarer Stress, Schlafstörungen oder gar eine psychische Krankheit wie Depression oder eine Zwangsstörung.

Traurig dabei ist, dass sich viele Eltern nicht erlauben, sich nach ihrem toten Kind zu sehnen. Da es die eigene Entscheidung war, fällt das Trauern schwer. Dabei würde gerade die

Trauer die verborgene Liebe zum Kind zum Vorschein bringen und dadurch eine spezielle Form von Nähe ermöglichen. Auch wenn man sich gegen ein Kind entscheidet, bleibt man doch Vater oder Mutter dieses Kindes. Und auch wenn das Kind nicht das Licht der Welt erblickt, bleibt es das Kind seiner Eltern. Selbst der bewusst herbeigeführte Tod des Kindes ändert nichts an seiner Zugehörigkeit zur Familie. Im Gegenteil, die Dramatik seines Schicksals wirkt lange in der Familie nach und hat Einfluss auf die Eltern und die Geschwister.

Für die Geschwister ist besonders der Umstand, dass sie selbst leben dürfen, während das andere Kind sterben musste, schwer zu ertragen. Daraus kann sich ein dauerhaftes schlechtes Gewissen entwickeln oder die innere Ablehnung des eigenen Glücks. Auch wenn die lebenden Geschwister große Erfolge feiern können, fällt es ihnen schwer, sich darüber zu freuen. Bei vielen Kindern kann man eine unterschwellige Wut auf die Eltern spüren. Im Kleinkindalter kann sich diese durch Wutanfälle äußern und gar so weit gehen, dass die Kinder ihre Eltern schlagen. Größere Kinder greifen mehr auf verbale Attacken zurück. Die Wut ist für die Kinder schwer auszuhalten, weil sie nicht verstehen, warum sie diese heftigen Gefühle haben. Sie sind ihr ausgeliefert, die Heftigkeit macht es unmöglich, sie zu ignorieren. Das kann die Eltern-Kind-Beziehung schwer belasten.

Eine weitere Folge der Abtreibung kann sein, dass sich die lebenden Kinder in der Familie nicht sicher fühlen, weil sie unbewusst spüren, dass jemand ausgeschlossen wurde. Die Unsicherheit führt dann im Gegenzug häufig zu einer übertriebenen Anhänglichkeit an die Eltern und Unsicherheit bei neuen Erfahrungen.

Daher ist es hilfreich, wenn das abgetriebene Kind bewusst einen Platz in der Familie erhält. Dies geschieht einerseits über die innere Zuwendung der Eltern zu diesem Kind. Indem sie ihm sagen: »Auch du gehörst zu uns.« Andererseits ist es wichtig, dass die lebenden Geschwister die ganze Familiengeschichte kennen. In der Praxis bin ich regelmäßig damit konfrontiert, dass die Eltern diese Möglichkeit weit von sich weisen. Sie möchten die Kinder nicht belasten, wissen nicht, wie sie das kindgerecht vermitteln sollen, oder finden ganz einfach, das gehe die Kinder nichts an. Dahinter liegt eine schützende Absicht, die aber leider genau das Gegenteil bewirkt. Ein Geheimnis schadet der Familie vielmehr als eine schwierige Wahrheit. Die Wahrheit hilft, weil sie alle mit der Realität verbindet, statt sie davon zu trennen. Kinder verstehen zudem mehr, als wir Erwachsenen ihnen zumuten wollen.

Frau Fährmann ist mit ihren Kindern bei mir. Ich habe die Familie begleitet, seit die älteste Tochter (10) zur Welt kam. Nach dem dritten Kind ging es Frau Fährmann gesundheitlich nicht gut, sie musste für längere Zeit ins Krankenhaus. Körperlich sehr geschwächt, bemerkte sie nach ein paar Wochen zu Hause, dass sie wieder schwanger ist. Sie fühlte sich außer Stande, dieses Kind auszutragen. Die Ärzte rieten ihr zu einer Abtreibung. Das hat sie dann auch gemacht, mit der Idee, ihre Kraft ganz für die bereits bestehende Familie einsetzen zu können. Dies geschah vor ein paar Jahren. Nachdem mein Buch über die Seelenkinder erschienen ist, kommt sie wieder einmal mit den Kindern zu mir in die Praxis und sagt gleich zu Beginn, dass sie das Buch kaufen möchte.
»Worum geht es in dem Buch?«, will Luis, inzwischen acht Jahre alt, wissen. »Das handelt von den Kindern, die nicht geboren wurden«, erklärt ihm die Mama. »Wisst ihr, auch ich war noch einmal schwanger, konnte dieses Kind aber nicht bekommen«, ergänzt sie. »Wieso konntest du es nicht bekommen?«, fragt Juliette (10). »Weil ich krank war. Darum haben Papa und ich entschieden, dass dieses Kind nicht zu uns kommen wird.«
»Das ist aber schade!«, findet die jüngere Tochter Tina (5). »Ja, das ist sehr schade«, antwortet die Mama. »Aber es war besser so für uns.« »Wie würde das Kind denn heißen, wenn

es da wäre?«, fragt Luis. »Wir können uns gemeinsam einen Namen überlegen«, schlägt die Mutter vor. »Das ist eine gute Idee. Wie wäre es mit Julius?«
Sie diskutieren noch eine Weile über mögliche Namen, bis die Kinder einstimmig beschließen, dass sie sich darüber freuen, dass noch ein weiteres Kind in die Familie gehört. Und da ich bestätigen kann, dass es ein Junge gewesen wäre, stellt sich sofort ein Gleichgewicht zwischen den zwei Mädchen und Luis her. Zufrieden spielen die Kinder weiter, während die Mutter und ich weitere Themen aus dem Familienalltag besprechen.

Das Beispiel zeigt, dass selbst ein großer Einschnitt wie eine Abtreibung Kindern auf eine gute Art erklärt werden kann. Die Kinder haben so die Möglichkeit, einen eigenen Umgang mit dem Thema zu finden. Es ist nicht notwendig, aus dieser Eröffnung ein Drama zu machen. Man kann den Kindern mit einfachen Worten erklären, was passiert ist und warum es dazu gekommen ist. So ist es nicht nötig, ein Tabu oder Geheimnis daraus zu machen. Die kindgerechte Erklärung hilft mehr, als wenn man wartet, bis die Kinder »alt genug« sind, um es zu verstehen. Verstehen können sie es schon sehr früh, der Bruch aber, der durch das Verschweigen entsteht, lässt sich, je älter das Kind ist, wenn es die Wahrheit erfährt, nur schwer wieder kitten.

Alle emotionalen Konsequenzen, die sich bei Geschwistern nach einer Fehlgeburt zeigen, treten nach Abtreibungen ebenfalls auf – meist in noch stärkerer Ausprägung. Die Lösung liegt schlussendlich immer in der bewussten Integration des Seelenkindes in das innere Familienbild aller. Dies gilt für Kinder, die bei einer Fehlgeburt gestorben sind ebenso wie nach einer Abtreibung. Wie man ein Seelenkind in die Familie integrieren kann, ist sehr vielfältig.

Die Seelenkinder in die Familie integrieren

Für die Harmonie in der Familie ist es ganz wichtig, dass die Seelenkinder gesehen und akzeptiert werden. Erst wenn auch sie ein bewusster Teil der Familie geworden sind, kann die Familie im Ganzen heil werden.

Der erste wichtige Schritt ist: über das Seelenkind reden. Zuerst die Eltern unter sich, und sobald sie sich dazu bereit fühlen, auch mit den Kindern.

Kommen wir zurück zu Familie Meier. Die Eltern erzählen Lars und Julia von dem Seelenkind und zeigen ihnen damit den rechten Platz innerhalb der Familie. Das könnte in etwa so aussehen: »Liebe Julia, lieber Lars, ihr hättet noch eine ältere Schwester oder einen älteren Bruder. Bevor Julia zur Welt kam, war die Mama bereits einmal schwanger, aber dieses Kind ist noch während der Schwangerschaft verstorben. Das ist unser erstes Kind, auch wenn es nicht bei uns ist. Du, liebe Julia, bist unser zweites Kind, und du, lieber Lars, bist unser drittes Kind.«

Es geht nicht nur darum, dass man es ausspricht, sondern vor allen Dingen, dass alle Familienmitglieder das richtige Familienbild entwickeln können. Eltern und Kinder müssen die Chance haben zu verinnerlichen, dass die Familie in dem Falle nicht nur aus vier, sondern aus fünf Personen besteht. Dies führt uns gleich zum zweiten wichtigen Punkt, um ein Seelenkind zu integrieren: das Familienbild korrigieren.

Wenn man eines oder mehrere Seelenkinder hat, ist es wichtig, dass diese im eigenen inneren Bild der Familie auftauchen, wann immer man »meine Familie« denkt. Weiter lohnt es sich, dem Seelenkind einen Namen zu geben. Es lässt sich nämlich viel einfacher von »Benjamin« sprechen als von dem »Kind, das nicht geboren wurde«.

Dies sind die wichtigsten drei Punkte zur Integration. Es gibt noch viele weitere schöne Möglichkeiten[19], die alle das Ziel haben, einen emotionalen Bezug zum Seelenkind zu schaffen.

Entscheidend ist, dass man ein Gefühl für das Seelenkind entwickelt, dies ist die beste Form der Integration.

Zusätzlich wichtig ist das Erkennen der richtigen Geschwisterreihenfolge. Besagt doch der sechste energetische Grundsatz:

> **Die Reihenfolge der Geschwister definiert sich nach dem Zeitpunkt der Zeugung und nicht nach dem Zeitpunkt der Geburt.**

Kinder möchten ihren Platz in der Familie einnehmen, das können sie aber nur, wenn man ihnen den richtigen Platz auch »zumutet«, indem man ihnen die ganze Familie offenbart, so wie sie ist. Welche Auswirkungen das Verschweigen von Seelenkindern auf ihre Geschwister haben kann, erkläre ich ausführlicher in meinem Buch »Seelenkinder und wie sie in ihrer Familie wirken«. Ich möchte hier nur auf die grundlegenden Mechanismen hinweisen.

Jeder, der einmal Teil der Familie war, gehört auch nach seinem Tod noch dazu – das gilt nicht nur für die ungeborenen Seelen, sondern für alle Verstorbenen der Familie.

Die Bedeutung der Ahnen

Meine Familientherapie gründet zu einem großen Teil auf einem spirituellen Bewusstsein, das ich gern allen Familien zugänglich machen möchte. Die Kunst dabei ist es, althergebrachtes, aber vergessenes Wissen so darzustellen, dass es für heutige Generationen verständlich, nachvollziehbar und umsetzbar ist. Alles, was ich in diesem Buch erzähle, ist schon da gewesen. Bloß haben die gesellschaftlichen Veränderungen über die Jahrhunderte hinweg dazu geführt, dass ein großer Teil dieses Wissens verloren gegangen ist. Dies ist einerseits auf die Betonung des Intellekts in unserer Lebenswelt zurückzuführen, andererseits auf die Konzentration des Familienlebens auf die Kleinfamilie. Die Bedeutung der Ahnen und die Wichtigkeit der Großfamilie für unser Leben beispielsweise ging immer mehr in Vergessenheit. Dabei spielen die Erfahrungen früherer Generationen eine große Rolle in unserem Umgang miteinander. Sie haben Einfluss auf unsere Gefühle und die Bewertung, mit der wir bestimmte Situationen versehen. Um dies verständlich zu machen, nutze ich noch einmal die Metapher der Treppe.

Wenn wir uns die Familientreppe vorstellen, stehen auf der untersten Stufe die Kinder. Auf der höheren Stufe die Eltern und noch eine Stufe weiter oben die Großeltern. Doch damit ist die Treppe noch lange nicht abgeschlossen. Sie windet sich über mehrere Generationen in die Höhe, wobei jeweils die Eltern der einen Generation wiederum eine Stufe höher stehen.

In Wirklichkeit ist es ein Geflecht vieler Personen und den dazugehörenden Beziehungen, welche das eigentliche Familiensystem bilden. Durch die emotionalen und energetischen Verbindungen zwischen den einzelnen Personen entsteht das spezifische Energiefeld der Familie, indem alle jemals gemachten Erfahrungen und Gefühle abgespeichert sind. Diese Informationen wirken auf die einzelnen Familienmitglieder ein, selbst wenn die ursprüngliche Erfahrung mehrere Generationen früher gemacht wurde. Selbst nach dem Tod der einzelnen Familienmitglieder bleiben die Informationen energetisch zugänglich. Das heißt, das Leben unserer Vorfahren prägt unser Leben, ob wir das wollen oder nicht. Es ist noch nicht einmal nötig, die einzelnen Geschichten im Detail zu kennen, die Energie wirkt trotzdem bis heute fort. »Die Quantenphysik bestätigt, was alle Weisheitslehren seit Jahrtausenden wissen: Materie ist eine Illusion. Sie besteht aus leerem Raum und aus Energieschwingungen, die diesen durchdringen und alles miteinander verbinden.«[20] Die Physik hat längst bewiesen, dass Energie niemals verloren geht, sondern nur die Form wechselt. Mit einem spirituellen Verständnis von Leben lässt sich das so verstehen, dass die Energie eines Menschen im Familiensystem noch vorhanden ist, wenn er längst gestorben ist. Das Familiensystem funktioniert ähnlich wie ein Computer: Alle abgespeicherten Daten bleiben als Impulse vorhanden und können jederzeit abgerufen werden. Besonders Kinder reagieren sehr sensibel auf diese Impulse.

Frau Demir kommt mit ihrer zwei Jahre alten Tochter Mara zu mir, weil Mara jede Nacht aufwacht und heftig schreit. Sie erscheint wie in Trance und lässt sich kaum beruhigen. Dabei schwitzt sie stark und zittert am ganzen Körper.
Frau Demir ist sehr betrübt deswegen, vor allem weil sie ihrer Tochter, die offenkundig Angst leidet, in diesen Momenten nicht helfen kann. Mara war ein Wunschkind, die Eltern führen eine liebevolle Ehe und haben weder gesundheitliche noch berufliche Probleme. Schwangerschaft und Geburt verliefen problemlos, Mara wurde nach vier Stunden Wehen im Ge-

burtshaus entbunden. Sie wächst behütet auf, die Mama sorgt an drei Tagen der Woche für sie, die restlichen zwei verbringt sie bei einer Tagesmutter, zu der sie gern hingeht. Auf den ersten Blick scheint alles in Ordnung zu sein.

Während der energetischen Behandlung nehme ich gestaute Energie in Maras Bauch wahr. Wie ein feuriger Klumpen drückt die Energie auf ihren Solarplexus und somit auf ihr emotionales Zentrum. Ich spüre in ihrem Energiefeld große Angst und Ohnmacht. Dieses energetische Bild passt nicht zu Maras problemfreien Kinderleben. Ich frage deswegen nach der Familiengeschichte.

Frau Demir ist in den 1990er-Jahren mit ihrer Familie von Bosnien in die Schweiz geflohen. Sie hat ihre Großeltern und einen Onkel in den Kriegswirren verloren. Sie hat sich in der Schweiz gut eingelebt und die Flucht für sich so weit als möglich verarbeitet. Seit über 20 Jahren lebt sie nun in Sicherheit und doch sind die Spuren des Krieges in der Familie weiterhin präsent. Die kleine Mara weiß noch nichts von alledem. Zumindest hat man ihr keine schlimmen Geschichten erzählt. Die Hoffnungslosigkeit ihrer Urgroßeltern, die im Krieg verstorben sind, und die Angst, die ihre Mutter und die Großeltern auf der Flucht verspürt haben, sind aber im energetischen Feld der Familie abgespeichert, und Mara kann sie spüren. Sie ist zu klein, um das alles zu verstehen, doch die Kriegserfahrung ihrer Vorfahren wirkt bis heute nach und stört sie in ihrer Nachtruhe. Sie fühlt die damaligen Gefühle der anderen Generationen, obwohl sie selbst eine behütete Zeit voller Sicherheit und Liebe erfährt.

Ich löse während der Behandlung also diese aus dem Familiennetz übernommene Erfahrung aus ihrem Aurafeld heraus, damit sie in Zukunft frei ist und keine übernommenen Ängste haben muss.

Auch wesentlich harmlosere Erfahrungen früherer Generationen, wie eine unerfüllte Liebe, ein unmöglicher Berufswunsch oder eine belastete Ehe, können Einfluss auf Enkel oder Urenkel haben. Neben den eigentlichen Erlebnissen wirken insbesondere Wünsche, die nicht erfüllt werden konnten, im Energiefeld der Familie nach.

Zudem werden Umgangsformen und psychische Muster innerhalb der Familie weitergegeben. Ist es in einer Familie beispielsweise nicht üblich, über Gefühle zu reden, werden die Geschwister, wenn sie erwachsen sind, untereinander kaum Kontakt pflegen. Weil sie die Familie nie als Ort der emotionalen Gemeinschaft erlebt haben und diese Gemeinschaft deswegen lieber im Freundeskreis oder einem Verein suchen. Oder wenn der Großvater ein hart arbeitender Mann gewesen ist, der großen Wert auf Fleiß und Pflichterfüllung gelegt hat, kann es passieren, dass der Enkel mit seinen eigenen Leistungen nie zufrieden ist, selbst wenn er große Karriere macht und viel Geld verdient. Er wird dies als selbstverständlich ansehen und keinen Anstoß daran finden, dass er auch am Sonntag seine E-Mails lesen und die Präsentation für nächste Woche vorbereiten muss. Dass er deswegen keine Zeit hat, mit seinen Kindern zu spielen, nimmt er als logische Konsequenz einfach hin. Man muss sich halt bemühen, um im Leben etwas zu erreichen!

Wir stehen alle unter dem Einfluss unserer Ahnen. Ist uns dies bewusst, können wir etwas Gutes daraus machen. Ist es uns nicht bewusst, ist es wahrscheinlich, dass wir immer wieder in gleiche Situationen geraten und in Beziehungen immer wieder den gleichen Fehler machen. Besonders in der Eltern-Kind-Beziehung werden alte Traditionen weitergegeben, weil sie nicht bewusst sind. Es lohnt sich deswegen, sich mit seinen Ahnen auseinanderzusetzen.

Die Ahnenreihe

Wenn man das Wort »Ahnen« hört, assoziiert man das häufig mit den religiösen Vorstellungen außereuropäischer Völker. Bis heute wird beispielsweise in der japanischen Shinto-Kultur ein Ahnenkult gelebt, der ein fest integrierter Bestandteil des Alltags ist. Auf einem Hausaltar steht ein schwarzes Lack-Täfelchen, ein Ihai, auf welches mit goldenen Lettern der Name der verstorbenen Familienmitglieder geschrieben wird. In Afrika sieht man die Ahnen als Bindeglied zur Geisterwelt. Wobei besonders weise Menschen nach ihrem Tod zu Ahnen werden, welche die Lebenden beschützen und deren Rat man bei wichtigen Entscheidungen einholt.[21] Viele denken beim Wort Ahnen an die Geschichten von mutigen Indianerhäuptlingen und weisen Medizinmännern, die ebenfalls mit den Ahnen kommunizieren, bevor sie wichtige Entscheidungen für ihren Stamm treffen.

In der modernen Gesellschaft Westeuropas werden den Ahnen heutzutage wenig Bedeutung zugemessen. Dies mag einerseits daran liegen, dass wir nicht mehr in Großfamilien mit mehreren Generationen unter einem Dach leben. Es kann auch sein, dass die politischen Bedingungen des 20. Jahrhunderts mit den zwei Weltkriegen dazu beigetragen haben, dass man nicht gern auf das Leben und Wirken früherer Generationen geschaut hat. Besonders in Deutschland wirkt das emotionale und energetische Erbe des Zweiten Weltkrieges bis heute nach.

Oder es liegt einfach daran, dass seit der Moderne der Intuition gegenüber dem rationalen Denkvermögen weniger Bedeutung beigemessen wurde und insbesondere mediale Wahrnehmungen aus dem Alltagsbewusstsein verbannt wurden. Der Effekt bleibt derselbe: Wir haben vergessen, wie wichtig unsere Ahnen sind.

Wer sind diese Ahnen genau? Es sind die direkten Blutsverwandten, aus denen wir hervorgegangen sind. Man geht davon aus, dass wir den Einfluss über sieben Generationen spüren: »Die letzten sieben Generationen, die hinter uns stehen und immer aus den jeweiligen Eltern der dahinterliegenden Generation gebildet werden, also unsere Eltern, Großeltern, Urgroßeltern, Ururgroßeltern usw., bestehen aus insgesamt 254 Personen. Das ist unsere eigentliche, direkte Ahnenreihe.«[22]

Wenn man sich diese enorme Zahl vor Augen hält, wird einem klar, dass egal, wie die Beziehung zu den eigenen Eltern oder den Großeltern ist, man energetisch nie isoliert ist. Dass ich zur Welt gekommen bin, verdanke ich 254 Personen, die vor mir gelebt haben und die alle Kinder gezeugt haben, auch wenn die Lebensumstände vielleicht schwierig waren. Ich weiß zum Beispiel, dass die Urgroßeltern meines Großvaters in den Schweizer Bergen um 1850 ein sehr einfaches Leben geführt haben und teilweise stark unter Hunger litten. Aufgrund der Mangelernährung haben sie innerhalb von 14 Jahren nur zwei Kinder bekommen. Trotzdem konnten sie das Leben weitergeben. Das Leben hat sich weit über 100 Jahre in unserer Familie fortgesetzt, bis ich schließlich 1982 zur Welt kam.

Jeder Mensch ist eingewoben in sein energetisches Familiennetz, auch wenn er die einzelnen Personen nie kennengelernt hat. Was vielleicht etwas abgehoben klingt, lässt sich neben dem spirituellen Verständnis auch durch biologische Umstände erklären: »Die Geschichte, die Sie mit Ihrer Familie teilen, beginnt schon vor Ihrer Empfängnis. In Ihrer frühesten biologischen Form, als unbefruchtete Eizelle, teilen Sie bereits ein gemeinsames zelluläres Umfeld mit Ihrer Mutter und Großmutter. Als Ihre Großmutter mit Ihrer Mutter im fünften Monat schwanger war, war die Vorläuferzelle der Eizelle, aus der Sie hervorgingen, bereits in einem der Eierstöcke Ihrer Mutter vorhanden. Das heißt, noch bevor Ihre Mutter geboren wurde, waren Ihre Mutter, Ihre Großmutter und die frühesten Spuren von Ihnen selbst alle in ein und demselben Körper – drei Generationen mit dem gleichen biologischen Umfeld. Das ist keine neue Erkenntnis – in Lehrbüchern zur Embryologie lesen wir dies schon seit mehr als einem Jahrhundert. Auf ähnliche Weise lassen sich Ihre Anfänge väterlicherseits verfolgen. Die Vorläuferzellen der Samenzelle, aus der Sie hervorgegangen sind, waren in Ihrem Vater schon vorhanden, als er noch ein Fötus im Bauch seiner Mutter war.«[23]

Wenn man das weiterdenkt, bedeutet das: Meine Mutter hat direkte Informationen aus dem Körper meiner Urgroßmutter, meine Großmutter wiederum direkte Informationen aus dem Körper meiner Ururgroßmutter. Weil ich die direkten Informationen meiner Großmutter habe, bin ich darüber auch mit den Erfahrungen meiner Ururgroßmutter verbunden.

Neben den genetischen Informationen werden auch emotionale Informationen weitergegeben. Es gibt also ein geteiltes Erfahrungswissen, das in den Körpern der Familienmitglieder abgespeichert wird.

Wenn man die Geschichtsschreibung der letzten 200 Jahre anschaut, so erkennt man auf den ersten Blick, dass frühere Generationen kein leichtes Leben hatten. Sei es die Erfahrungen, die ein Krieg mit sich bringt, sei es die Erfahrung von Hunger und Not oder einfach die gesellschaftlichen Zwänge, denen unsere Vorfahren unterworfen waren. Meine Großmutter durfte beispielsweise keinen Beruf erlernen und musste stattdessen früh Geld verdienen, damit ihre Brüder eine Ausbildung machen konnten. Wir dürfen davon ausgehen, dass die Generationen vor uns, zumindest unsere Großeltern und Urgroßeltern, schwierige Dinge erlebt haben, die ihr Leben geprägt haben. Um aus dieser negativen Spirale aussteigen zu können und frei zu werden von den Erfahrungen und Gefühlen längst verstorbener Personen, hilft es, wenn man sich erstens bewusst macht, dass dieser Einfluss besteht. Zweitens geht es darum, das Leid und den Kummer nicht weiterzutragen, damit insbesondere unsere Kinder unbeschwert und glücklich sein können.

Die Verstrickungen lösen

Durch schwierige Lebensbedingungen, erlittene Traumata oder Streit in der Familie kann das familiäre Energiefeld belastet sein. Ebenso wenn jemand ausgestoßen oder geschädigt wurde. Es ist nicht möglich, das Vergangene zu ändern, aber man kann sich aus dem Einflussbereich lösen, indem man seinen Blick auf das System verändert.

Dabei geht es immer darum, die richtige Ordnung herzustellen. Damit wären wir wieder bei der Treppe. Ich kann mich selbst aus den Verstrickungen mit meinen Ahnen lösen, indem ich mich bewusst auf die mir zustehende Stufe stelle. Das mache ich, indem ich zuerst versuche zu verstehen, was meinen Ahnen zugestoßen ist. Welche schwierigen Erfahrungen mussten sie machen? Wie sah ihr Leben aus? Welche Aspekte ihres Schicksals erkenne ich in meinem Leben wieder? Welche Erfahrungen wiederhole ich unbewusst?

Frau Balmer kommt zu mir, weil ihre elfmonatige Tochter vier-, bis fünfmal pro Nacht wach wird. Frau Balmer erzählt mir, dass sie vor ihrem inneren Auge immer ein totes Baby im Bett liegen sieht. Diese Vorstellung wird sie einfach nicht los. Während sie mir das erzählt, beginnt ihre kleine Tochter heftig zu weinen. Sie ist das erste Kind, vor ihr gab es keine weitere Schwangerschaft. Als Frau Balmer von ihrem Bild erzählt, verändert sich die Energie im Praxisraum, und alles wird ganz schwer. »Jemand aus Ihrer Familie hat dieses tote Kind auch gesehen, oder?«, frage ich. Da fällt Frau Balmer ein, dass ihre Großmutter eine Totgeburt hatte. Ich rate ihr daraufhin, der Großmutter einen Brief zu schreiben und darin zu sagen: »Ich sehe dein schweres Schicksal und ich lasse es bei dir.« Das hat Frau Balmer sehr geholfen und ihre Tochter konnte kurze Zeit später besser schlafen.

Je schwerer das Schicksal der Ahnen, umso größer die Wahrscheinlichkeit, dass einer der Nachkommen noch Jahrzehnte später unter den Wirkungen leiden wird. »Die Älteren haben den Jüngeren nicht ihre Traumata vererbt, sondern deren Folgen«, schreibt Matthias Lohre in seinem Buch »Das Erbe der Kriegsenkel«[24]. Er beschreibt darin eindrücklich seine Kindheit in Deutschland, die gezeichnet war von Kälte und Überforderung der Eltern, welche selbst als Kinder den Grauen des Krieges ausgesetzt waren. Ihr kindliches Unverständnis für die kriegsbedingten Ereignisse übersetzte sich im Erwachsenenleben in Sprachlosigkeit, die sich für ihren Sohn wiederum als emotionales Vakuum anfühlte, welches ihn von seinen Eltern trennte. Wobei er nie erfahren hat, welche Haltung seine Großeltern während der NS-Zeit vertreten haben. Gerade das Nichtwissen entfaltet eine große Wirkung im Leben der Nachkommen.

Unsere Eltern machten in ihrer Kindheit Erfahrungen, die sie für ihr Erwachsenenleben geprägt haben. Deswegen ist ihr Verhalten uns gegenüber bestimmt durch ihre eigenen frühkindlichen Erlebnisse. Um die Eltern besser verstehen zu können, hilft es, sich mit ihrer Kindheit zu befassen. Viele Vorwürfe lassen sich so aus der Welt schaffen, einfach dadurch, dass man erkennt, dass die eigenen Eltern eine Geschichte mitbringen, die in ihr Elternsein eingewoben ist und vielleicht erklärt, warum sie so sind, wie sie sind.

Wenn Sie auch das Gefühl haben, dass Lebensereignisse Ihrer Ahnen bis heute spürbar sind und Sie sich frei fühlen möchten von früheren Belastungen, empfehle ich Ihnen die folgende Übung:

Übung »Ich lasse es bei dir«

Wählen Sie eine Person aus Ihrer Ahnenreihe, mit der Sie sich verbunden fühlen und von der Sie glauben, dass deren Erfahrungen einen Einfluss auf Ihr Leben hat. Das können die Eltern, die Großeltern, die Urgroßeltern oder sogar frühere Generationen sein. Sie müssen die Person auch nicht persönlich gekannt haben. Nehmen Sie sich mindestens eine Stunde Zeit und schreiben Sie dieser Person aus Ihrer Ahnenreihe einen Brief. Darin erzählen Sie, welche Lebensumstände des Ahnen Sie besonders berühren und beschäftigen. Und zum Schluss schreiben Sie wörtlich: »Ich sehe dein schweres Schicksal und ich lasse es bei dir. Du hast die Kraft, dein Schicksal zu tragen, für mich ist es zu schwer. Bitte schau freundlich auf mich, wenn ich frei und glücklich werde.«

Ist die Person bereits verstorben, können Sie den Brief verbrennen oder auf das Grab legen. Sie können auch symbolisch einen Stein, eine Blume oder sonst etwas auf das Grab legen. Dies verdeutlicht noch die Absicht, das Übernommene jetzt abzugeben.

Sie können die Übung mit so vielen Personen machen, wie Sie möchten. Es lohnt sich aber, zwischen den einzelnen Übungen ein paar Wochen verstreichen zu lassen, damit Ihr Unterbewusstsein genügend Zeit hat, die emotionalen und energetischen Veränderungen im System wahrzunehmen.

Indem man sich von der Last befreit, bittet man gleichzeitig um den Segen der Ahnen. In medialen Sitzungen oder bei Familienaufstellungen zeigt sich, dass die Ahnen immer das Wohl ihrer Nachkommen im Sinn haben und sich wünschen, dass die späteren Generationen ein schönes Leben führen können. Mit dem Satz »Bitte schau freundlich auf mich, wenn ich glücklich bin« versichert man sich der energetischen Unterstützung durch die früheren Generationen, welche diese nur zu gern gewähren.

Wenn man sich mit dem Schicksal seiner Ahnen befasst und man sich gleichzeitig aus der Verstrickung lösen möchte, hilft eine Frage, alles in einem neuen Licht zu sehen: »Wer hätten meine Ahnen sein können, wenn es kein schweres Schicksal gegeben hätte?«[25] Diese Frage stellt Vera Griebert-Schröder in ihren Seminaren zur Heilung der Ahnenreihe. Ich finde es eine sehr hilfreiche Frage, weil sie den Blickwinkel auf die eigene Familie verändert. Man sieht plötzlich nicht mehr die Urgroßmutter, die als Witwe kaum über die Runden kam und ihre sechs Kinder allein großziehen musste. Stattdessen sieht man eine kraftvolle Frau, die sich dem Leben gestellt hat. Man kann sogar noch weitergehen und sich vorstellen, dass sie ohne den frühen Tod ihres Mannes eine lebensbejahende Frau geblieben wäre, wie sie das in ihrer frühen Jugend gewesen ist. Oder man erkennt plötzlich, dass der aggressive Vater ein sensibler Mensch ist, der erst durch die Unliebsamkeiten des Lebens hart geworden ist. Wäre er zu einer anderen Zeit geboren, wäre er vielleicht ein gefeierter Maler geworden, so aber musste er sein Geld als Fabrikarbeiter verdienen und hat seinen Frust an den Kindern ausgelassen.

Der befreite Blick auf die Ahnen, der durch diese Frage möglich wird, wirft auch die Folgefrage auf: »Wer hätte ich ohne das Schicksal meiner Ahnen sein können?« Wenn man statt auf die Einschränkungen mehr auf das Potenzial der Ahnen schaut, welches in ihnen angelegt war, durch das Leben aber nicht zum Ausdruck kommen konnte, führt einen das an das eigene Potenzial heran.

Wichtig ist bei alledem, dass man trotz Verständnis für das möglicherweise harte Schicksal früherer Generationen die Ahnen nicht für sein eigenes Unglück verantwortlich macht. Dass wir unter dem Einfluss der Vergangenheit stehen, heißt nicht, dass wir damit jeglicher Selbstverantwortung entbunden wären. Was wirklich zählt, ist das Hier und Jetzt. Die Gegenwart muss gelebt werden, egal, was einmal gewesen ist. Deswegen sagt auch Bert Hellinger: »Zur Ordnung in Familien und Sippen gehört, *dass alles Vergangene nach einiger Zeit auch vergangen sein darf.* Das ist ganz wichtig.«[26]

Dies macht es erst möglich, dass man sein Leben in die Hand nimmt und nach den eigenen Vorstellungen gestaltet. Neben der Schwere, die wir von unseren Ahnen übernehmen, birgt das Thema schließlich auch eine wunderschöne Seite. Das ist die sogenannte Ahnenkraft.

Die Ahnenkraft

Die Ahnenkraft fließt vom Vater zum Sohn und von der Mutter zur Tochter. Es ist die Weitergabe der reinen Lebenskraft sowie das Wissen um die Positivität des Lebens. Egal, was frühere Generationen erleiden mussten, die Kraft des Lebens hat sich ungebremst fortgesetzt. Es ist ganz wichtig, dass man sich das bewusst macht. Der größte Verdienst der Ahnen ist es, dass sie das Geschenk des Lebens weitergegeben haben. Das bedeutet: In jeder Familie steckt eine Kraft, die von Generation zu Generation weitergegeben wird. Es ist sogar ein ganzes Kraftfeld, weil alle aufeinander einwirken. Neben den schwierigen Erfahrungen wirken auch alle schönen Erlebnisse. Die Fähigkeiten und Errungenschaften der einzelnen Personen sind ebenfalls ins Familiennetz eingespeichert. In jeder Familie gibt es positive Energie, Lebensfreude, Inspiration, Liebe, Mut, Toleranz, Gemeinschaft, Entwicklung … Ich könnte die Liste beliebig weiterführen.

Die Ahnen verbinden uns mit der Quelle der Lebenskraft, weil wir durch sie entstanden sind. Doch das ist vielen Menschen ebenfalls überhaupt nicht bewusst. Die meisten schauen Familie an als die kleine Gruppe der Kleinfamilie mit Vater, Mutter, Kind und eventuell noch die Großeltern. Die weitere Verwandtschaft wird vielleicht geschätzt, manchmal verachtet oder einfach ignoriert. In anderen Kulturen oder nur schon im osteuropäischen Raum wird Familie als große Gemeinschaft gelebt, in welche die Kleinfamilie eingebunden ist. Das hat den Vorteil, dass die Familie durch den regen Austausch auch faktisch als Kraftquelle dient. Je weniger Kontakt man zur Verwandtschaft pflegt, umso eher ist man von der Kraft der Ahnen abgeschnitten. Doch man kann sich bewusst wieder in dieses Kraftfeld stellen.

Übung »Die Ahnenkraft spüren«

Für Frauen: Suchen Sie sich einen großen, starken Baum. Lehnen Sie sich stehend oder sitzend an diesen Baum. Stellen Sie sich vor, hinter Ihnen steht Ihre Mutter und hinter ihr steht Ihre Großmutter. Dahinter steht die Urgroßmutter und hinter dieser die Ururgroßmutter. Der Baum verkörpert die positive Kraft aller Frauen, die in Ihrer Familie vor Ihnen gelebt haben. Spüren Sie über den Baum die Kraft dieser Frauen. Sie dürfen sich ganz dieser Kraft anvertrauen und die positive Energie spüren, welche der Baum Ihnen als Stellvertreter für alle Frauen Ihrer Ahnenreihe vermittelt. Bleiben Sie so lange an den Baum gelehnt, bis Sie die Kraft verinnerlicht haben.

Für Männer: Suchen Sie sich einen großen, starken Baum. Lehnen Sie sich stehend oder sitzend an diesen Baum. Stellen Sie sich vor, hinter Ihnen steht Ihr Vater und hinter ihm steht Ihr Großvater. Dahinter steht der Urgroßvater und hinter diesem der Ururgroßvater. Der Baum verkörpert die positive Kraft aller Männer, die in Ihrer Familie vor Ihnen gelebt haben. Spüren Sie über den Baum die Kraft dieser Männer. Sie dürfen sich ganz dieser Kraft anvertrauen und die positive Energie spüren, welche der Baum Ihnen als Stellvertreter für alle Männer Ihrer Ahnenreihe vermittelt. Bleiben Sie so lange an den Baum gelehnt, bis Sie die Kraft verinnerlicht haben.

Erst wenn man die positive Kraft der Ahnen selbst spürt, kann man sie an seine Kinder weitergeben.

Heutige Eltern haben in meinen Augen zwei Aufgaben in Bezug auf die Ahnen: erstens, das Schwere loszulassen und sich vom negativen Einfluss des Vergangenen zu lösen, und zweitens, ihren Kindern die Ahnenkraft weiterzugeben, damit spätere Generationen frei sind und gleichzeitig von der Kraft der Ahnenreihe profitieren können.

Kinder und ihre Ahnen

Sie fragen sich vielleicht, warum ich so ausführlich auf das Thema der Ahnen eingegangen bin. Erst wenn man die Wirkung der Ahnen kennt, kann man verstehen, warum Familie manchmal kein einfaches Unterfangen ist. Ich habe zu Beginn gesagt, dass eine Familie mit der Zeugung des ersten Kindes entsteht. Das ist natürlich eine sehr vereinfachte Darstellung. In Wirklichkeit schließen sich zwei Familiensysteme zu einem neuen System zusammen. Die Kinder gehören einerseits zur Familie der Mutter und allen dazugehörenden Ahnen und sie gehören gleichzeitig zur Familie des Vaters und allen dazugehörenden Ahnen. Ein Kind gehört nie nur zu Mutter und Vater und schon gar nicht nur zu Mutter *oder* Vater. Das Kind ist immer Teil des ganzen Systems und somit den Wirkungen aus diesem System unterworfen.

Man erkennt im eigenen Sohn vielleicht den starken Willen des Schwiegervaters oder sieht, wie die eigene Tochter das gleiche Lächeln wie die Schwiegermutter hat. Kinder werden durch beide Seiten der Familie, die mütterliche und die väterliche, geprägt. Und genau deswegen ist es ganz entscheidend, dass man als Eltern die Ahnen seines Partners achtet und ehrt.

In jeder Familie herrschen eigene Umgangsformen, Regeln und unausgesprochene Gesetze. Vielleicht fällt es Ihnen schwer, die Gepflogenheiten der Familie Ihres Partners zu akzeptieren. Vielleicht haben Sie Mühe mit der politischen Gesinnung des Schwiegervaters, oder Sie empfinden Ihre Schwiegermutter als übergriffig, wenn es um die Erziehung Ihrer Kinder geht. Das sind alles schwierige Bedingungen, trotzdem ist es für das Wohl der Kinder wichtig, dass man die Ahnen beider Familienlinien achtet. Unter Achtung verstehe ich in dem Fall das Anerkennen der Bedeutung der Ahnen für das Leben der Kinder. Ohne diese Menschen gäbe es heute Ihr Kind nicht! Und genau das müssen Sie achten und dafür sollten Sie den Ahnen Ihres Partners danken. Sie haben das Leben Ihres Kindes möglich gemacht und sind somit ein untrennbarer Teil seines Lebens.

Verachtet man die Ahnen des Kindes, die nicht aus der eigenen Familienlinie stammen, lehnt man unbewusst ein Teil des Kindes ab. Das ist für das Kind schlimm, weil man ihm unterschwellig mitteilt, es dürfe nicht so sein, wie es ist. Man verbietet ihm gewissermaßen die Zugehörigkeit zu einem Teil seiner Familie. Damit beraubt man es seinen Wurzeln. Spricht man einem Kind die Zugehörigkeit zu einem Teil seiner Familie ab, nimmt man ihm auch einen Teil des Halts.

Also bitte versuchen Sie, alle Ihre eigenen Ahnen und die Ahnen Ihrer Kinder in Ehren zu halten, nur so ist Ihre Familie mit der ganzen Kraft und Energie versorgt, die sie braucht. Denn die Ahnen sind für die nachfolgenden Generationen eine wichtige Energiequelle. Und der siebte Grundsatz der Familienbalance ist erfüllt:

Die Verbindung unter den Familienmitgliedern ist stärker als der Tod, deswegen ist es wichtig, die Ahnen zu ehren.

So kann das Gute weitergegeben werden, und es fällt Ihren Kindern irgendwann leicht, auch Ihnen den angemessenen Platz in der Ahnenreihe zuzugestehen. Denn wir dürfen nicht vergessen: Wir sind die »Ahnen der Zukunft«,[27] und die Art und Weise, wie wir uns in die Familie einbringen, hat Einfluss auf die Generationen, die erst noch kommen werden.

2. TEIL: VERÄNDERUNGEN DER FAMILIENKONSTELLATION

Das Ende der Paarbeziehung ist nicht das Ende der Familie

Den »normalen« Familienalltag gut zu gestalten, kann an sich schon eine Herausforderung sein. Schwierig wird es dann, wenn die Familie oder insbesondere das Paar in eine Krise rutscht und die Zukunft der Familie auf dem Spiel steht. Als Familientherapeutin werde ich sehr häufig konsultiert, wenn schwierige Entscheidungen anstehen oder ein Paar sich getrennt hat und die Kinder emotional verunsichert sind. Deswegen möchte ich auch für diese Konstellationen aufzeigen, wie trotz aller Differenzen die innere Balance und vor allem das Wohlbefinden der Kinder gewahrt werden kann.

Wenn die Paarbeziehung für die Kinder weitergelebt wird

»Wenn wir keine Kinder hätten, wären wir längst getrennt.« Dieser Satz ist in der Familientherapie ein Klassiker. Oder auch: »Ich bleibe nur meinen Kindern zuliebe bei meinem Mann.« Solche Aussagen lassen bei mir alle Alarmglocken schrillen. Und ich möchte es an dieser Stelle in aller Deutlichkeit sagen: Wenn Sie nur »Ihren Kindern zuliebe« bei Ihrem Partner bleiben, dann bitte packen Sie sofort Ihre Koffer! Denn wenn Sie es nicht tun, ist das allen gegenüber unfair. Wieso?

Wir haben gesehen, dass die Paarbeziehung die wichtigste Beziehung in der Familie ist. Wenn es trotz intensiver und ernst gemeinter Bemühungen wie offene Gespräche, mehr Zeit für die Beziehung, Paarberatung oder Sexualberatung nicht gelingt, die Paarbeziehung lebendig zu halten und sich einer der beiden Partner über längere Zeit nicht wohlfühlt mit der Beziehung, dann lohnt es sich, über eine Trennung nachzudenken.

Stellen Sie sich vor, Ihr Partner bleibt »nur wegen der Kinder« bei Ihnen. Oder in anderen Worten, er bleibt bei den Kindern und wohnt mit Ihnen im selben Haus, möchte aber gar nicht mehr der Mensch an Ihrer Seite sein. Wie fühlt sich das an?

Der Fokus liegt auf den Kindern, während der Partner nicht mehr beachtet wird. Und das ist sehr traurig. Man kann keine Beziehung führen, ohne dass man sich für den anderen Menschen interessiert. Man kann vielleicht als Wohngemeinschaft zusammenleben, aber dann sollte man ehrlich sein und das als solche beschreiben, statt es unter dem verlogenen Deckmantel »Beziehung« laufen zu lassen. Wenn man nur noch wegen der Kinder zusammenbleibt, ist die Beziehung gestorben – weil man sich als Paar emotional nicht mehr begegnet. Man erfüllt nur noch die gemeinsame Funktion als Eltern. Dafür muss man aber kein Liebespaar sein, das kann man auch mit zwei getrennten Wohnsitzen gut organisieren, sodass die Kinder sich wohlfühlen.

Für die Kinder zusammenbleiben ist insbesondere den Kindern gegenüber nicht fair. Im Gegenteil, man bürdet ihnen damit eine große Last auf. Egal, wie alt die Kinder sind. Denn energetisch passiert Folgendes: Die Eltern bleiben für die Kinder zusammen, das heißt, sie verzichten willentlich auf ihr eigenes Wohlbefinden bzw. sie unterdrücken ihr Bedürfnis nach Veränderung. Für die Kinder fühlt sich das an, als ob die Eltern ihnen einen zu großen Rucksack vollgepackt mit schweren Steinen aufladen. Statt dass die Eltern ihre Verantwortung wahrnehmen und für ihre wahren Gefühle einstehen, lasten sie den Kindern die Bürde auf. Als würden sie sagen: »Für euch bleibe ich in einer unglücklichen Ehe.«

Energetisch unterwerfen sich die Eltern damit den Kindern,

anstatt das eigene Leben zu leben. Selbst wenn man das den Kindern gegenüber niemals sagt, sie spüren es doch. Solche Dinge müssen nicht ausgesprochen werden, Kinder haben einen feinen Radar für Stimmungen und spüren, wenn ihnen etwas zugemutet wird.

Meistens ergeben sich bei den Kindern daraus drei typische emotionale Reaktionen. Erstens, das Kind möchte sich würdig erweisen und den Eltern beweisen, dass es sich gelohnt hat, für das Kind die Ehe weiterzuführen. In der Folge wird es ein sehr angepasstes Kind, das kaum Gefühle zeigt, sich in der Schule doppelt anstrengt und auch sonst immer versucht, den Eltern eine Freude zu machen. Nicht selten entwickelt sich das Kind zu einer nach Perfektion strebenden Persönlichkeit, die doch immer das Gefühl hat, nicht zu genügen.

Zweitens, das Kind versucht mit allen Mitteln, die Eltern wieder zu vereinen. Es versucht zu vermitteln und betont jedem Elternteil gegenüber die Vorzüge des anderen. Wenn das nichts bringt, läuft das Kind Gefahr, unbewusst nach einem Kitt für die Eltern zu suchen. Es findet dann eine Möglichkeit, die Aufmerksamkeit der Eltern in eine gemeinsame Richtung zu lenken und den Eltern eine gemeinsame Aufgabe zu geben, die sie zusammenschweißt. Viele Kinder, die in diesem Muster reagieren, werden ernsthaft krank. Oder sie entwickeln ein großes Problem wie Entwicklungsverzögerungen, sie fallen in frühkindliche Verhaltensweisen zurück, entwickeln eine Lernstörung, Verhaltensauffälligkeiten oder im Teenageralter einen übersteigerten Drogenkonsum. Alles nur um den Eltern eine Aufgabe zu geben, in der sie sich als Paar wiederfinden. Diese unbewusste kindliche Logik geht selbstverständlich nicht wirklich auf. Denn ein Kind kann nicht der Leim sein, der die Herzen der Eltern zusammenhält. Die Eltern müssen von sich aus die Beziehung leben wollen.

Die dritte mögliche Reaktion des Kindes ist, sich den Eltern emotional zu entziehen. Plötzlich verweigert es die Anerkennung der elterlichen Autorität (»Du hast mir gar nichts zu sagen!«)

oder es entzieht sich wann immer möglich dem Familienleben. Diese Reaktion gibt es hauptsächlich bei größeren Kindern und jungen Teenagern. Sie drückt das Unbehagen der Verantwortung gegenüber aus, welche dem Kind von den Eltern aufgebürdet wurde. Kinder möchten nicht der Grund sein, warum Eltern beieinander bleiben. Natürlich wünschen sich alle Kinder, egal, in welchem Alter, dass die Eltern glücklich sind miteinander. Sie wünschen sich auch, dass die Familie an einem Ort wohnt. Trotzdem ist es nicht zu ihrem Wohl, wenn die Eltern eine Farce von Beziehung leben.

Gerade wenn die Eltern zu vertuschen suchen, dass sie sich in der Beziehung nicht mehr wohlfühlen, hat es schlimme Auswirkungen auf die Kinder. Die Kinder spüren, wenn die Paarbeziehung über längere Zeit kriselt. Ich bin grundsätzlich auch dafür, dass man Kinder nicht mit den Problemen der Erwachsenen belasten sollte. Aber wenn sich die Probleme nicht lösen lassen, hilft Ehrlichkeit. Ansonsten spüren die Kinder eine Spannung, die sie nicht einordnen können, und reagieren mit ihrem Verhalten oder ihrer Gesundheit darauf.

Leon ist bei mir in Behandlung, weil er mehrmals pro Jahr an einer Mittelohrentzündung leidet, die jeweils mit Antibiotika behandelt werden muss. Die Eltern wünschen sich einen sanfteren Weg zur Heilung und kombinieren die schulmedizinische Therapie mit meinen energetischen Behandlungen. Neben den körperlichen Blockaden stelle ich bei Leon eine tiefe Traurigkeit und Verunsicherung fest. Ich frage nach der aktuellen Situation, wie sie Leon zu Hause erlebt. Die Mutter erzählt mir leicht euphorisch, es sei alles in Ordnung. »Nicht wahr, Leon, bei uns ist alles gut!?« Leon sieht nicht überzeugt aus, nickt aber geflissentlich. Ich lasse es dabei bewenden und lade Leon ein, sich für die Behandlung auf die Liege zu legen. Nach wenigen Minuten schläft er ein. Für mich ein Zeichen, dass tief im Unterbewusstsein etwas blockiert ist und der Körper sich nun während der Behandlung die dringend nötige Ent-

spannung gönnt. Also sage ich leise zur Mutter: »Worüber wird bei Ihnen zu Hause zur Zeit nicht gesprochen, obwohl es wichtig wäre?« Die Mutter antwortet mir flüsternd: »Ich habe mich verliebt. Das möchte ich meinem Sohn aber nicht sagen, da wir noch nicht wissen, wie es weitergeht. Mein Mann und ich streiten deswegen sehr häufig, wir versuchen jedoch, dies nicht vor Leon zu tun. Wir möchten ihn schützen.«

Häufig wiederkehrende Mittelohrentzündungen bei einem Kind sind ein typisches Zeichen für unausgesprochene Spannungen in der Familie. Das Kind spürt, dass etwas formuliert werden sollte, kann aber nichts verstehen, weil die Eltern nicht mit ihm reden. Es versucht, zwischen den Zeilen etwas herauszuhören, und weil das sehr anstrengend ist, entzündet sich das Ohr.

Für das Wohlbefinden des Kindes genügt es nicht, dass sowohl Mama als auch Papa je eine tolle Beziehung zum Kind haben. Ist die Paarbeziehung belastet, so hat das immer auch direkte Auswirkungen auf das Kind. Bleiben die Eltern aber für das Kind zusammen, wird das Kind zum Zentrum der Familienwelt, und das ist für die Harmonie innerhalb der Familie ganz schlecht.

Die Trennung der Eltern

Wenn man sich für eine Familie entschieden hat, lohnt es sich auf jeden Fall, sich lange und intensiv um die Paarbeziehung zu bemühen und nicht leichtfertig an eine Trennung zu denken. Ein Schritt von solch großer Konsequenz für alle Beteiligten will gut überlegt sein. Und dennoch: Manchmal ist die Trennung für alle, auch und gerade für die Kinder, besser.

Es gibt keine »gute« Trennung. Selbst wenn es dem Paar gelingt, respektvoll miteinander umzugehen, ist die Trennung doch mit Schmerz verbunden. Aber es gibt Möglichkeiten, die Trennung so zu gestalten, dass man sich danach höflich begegnen und die gemeinsame Aufgabe als Eltern wahrnehmen kann. Zwischen dem Paar ist über die Zeit des gemeinsamen Lebens eine starke Bindung entstanden. Und auch wenn die Liebe lange erloschen ist, bleibt die Bindung bestehen, wenn das Paar gemeinsame Kinder hat. Durch die Kinder bleiben sie miteinander verbunden.

Nebst den Kindern wirken auch gemeinsame Erlebnisse, die erlebte Nähe, geteilte Sorgen und einmal definierte Lebensziele verbindend. Durch die Gemeinsamkeiten ist ein energetisches Band entstanden, das nun durch die Trennung ebenfalls gelöst werden muss. Bei einer Trennung muss man folglich drei Ebenen unterscheiden: die emotionale Ebene, die organisatorische Ebene und die energetische Ebene.

Die emotionale Ebene der Trennung

Als Liebespaar versucht man, sich ganz nahezukommen. Als Eltern wächst man durch die geteilte Verantwortung auf eine andere Weise nochmals näher zusammen. Begonnen hat die Beziehung in guter Absicht. Wenn die Beziehung nicht mehr weitergeführt werden kann oder man sie nicht mehr weiterführen will, ist das erst einmal schmerzhaft. War man vorher durch positive Gefühle aneinander gebunden, dominieren nach dem Entschluss zur Trennung die negativen Gefühle. Dies ist eine komplett neue Ausgangslage, und man muss zuerst lernen, diese Gefühle zu verstehen. Der Mensch, der über lange Zeit vorwiegend angenehme Gefühle in mir ausgelöst hat, wird nun zum Auslöser von teilweise heftigen und ungewünschten Gefühlen: Trauer, Wut, Ärger oder Unverständnis. Es kann auch Hilflosigkeit oder Ekel dabei sein. Wie die zwei Seiten einer Medaille offenbart der Kontakt mit dem vormals wichtigsten Menschen plötzlich einen Schwall an negativen Emotionen. Das ist nicht leicht auszuhalten. Trotzdem sind diese Gefühle für den Trennungsprozess wichtig. Sie ermöglichen, dass sich die gefühlte Nähe und Vertrautheit wandeln kann. Nach den negativen Gefühlen kommt mit der Zeit eine emotionslose Neutralität, bis dann irgendwann eine neue Form des gemeinsamen Umgangs gefunden werden kann. Es gibt Paare, denen gelingt es nach der Trennung, eine Art freundschaftliche Basis zu finden. Dazu müssen aber alle Emotionen durchlebt werden. »Bei einer Trennung ist die Wut sehr häufig Ersatz für den Schmerz der Trauer. Wenn sich beide Partner der Trauer überlassen über das, was schiefgegangen ist, dann können sie nachher gut miteinander reden. Bei einer Scheidung ist es sehr wichtig, dass beide geweint haben und diesen tiefen Schmerz gefühlt haben. Viele suchen nach einer Schuld, weil sie diesem Schmerz entrinnen wollen. Doch wer ihn erlitten hat, der ist auch frei.«[28]

Das bedeutet auch, man darf gemeinsam das Ende der Beziehung betrauern. Man darf zusammen weinen, man darf aussprechen, was einen bewegt, und man darf sich darüber ärgern, dass man nicht gemeinsam weitergehen kann.

Zu beachten gilt es dabei, dass man ab sofort zwei Sichtweisen haben wird. Es gibt jeweils zwei Trennungsgeschichten: die Geschichte der Frau und die Geschichte des Mannes. Die beiden Geschichten und die dahinterliegenden Wahrnehmungen werden sich grundlegend unterscheiden, sind aber beide richtig. Weil jeder eine andere Sicht der Geschehnisse hat. Das Schwierige an der Trennung ist es zu akzeptieren, dass mein Partner ab sofort nicht mehr gleicher Meinung sein wird, wie etwas gehandhabt werden soll. Als Liebespaar versucht man, den Konsens zu finden, damit beide mit einer Entscheidung leben können. Während der Trennung wird dieser Konsens aufgehoben. Als kinderloses Paar kann man daraufhin relativ sachlich auseinandergehen, und jede Partei versucht für sich, die Trennung zu verarbeiten. Als Eltern geht das nicht. Da muss man Lösungen finden, die für die ganze Familie vertretbar sind, und es wird über die Kinder noch für eine längere Zeit emotionale Begegnungen geben. Nebst der Emotionalität gilt es, auch die praktischen Bedürfnisse zu regeln.

Die organisatorische Ebene der Trennung

Die Trennung sollte so gestaltet werden, dass der Schmerz für die Kinder möglichst kleingehalten wird. Das heißt, die Eltern diskutieren untereinander, wann und wie die Trennung vollzogen wird. Die Kinder haben in dieser Diskussion weder etwas zu melden, noch sollten sie die Argumente der Eltern hören.

Sobald beschlossen wurde, wer wann auszieht und wie die neue Wohnsituation aussehen wird, kann man die Kinder einbeziehen. Es hilft, wenn sie die neue, zusätzliche Wohnung schon vor dem Umzug sehen können. Es ist gut, wenn sie die neue Umgebung erkunden können und man Pläne schmiedet, welche schönen Unternehmungen nach der Trennung allein mit dem Papa und allein mit der Mama geplant werden können. Den Kindern nicht nur das Ausmaß der Veränderung zu vermitteln, sondern ihnen aufzuzeigen, dass trotz diesem heftigen Einschnitt danach schöne Erlebnisse möglich sind, macht den Kindern diesen Schritt leichter.

Die Eltern entscheiden, wo die Kinder wohnen werden. Es ist nicht die Entscheidung der Kinder, bei welchem Elternteil sie wie viel Zeit verbringen möchten. Die Kinder dürfen wohl einen Wunsch äußern, falls sie einen solchen verspüren, sie tragen aber nicht die letzte Entscheidungsgewalt.

Schieben die Eltern diese Entscheidung den Kindern zu, vielleicht noch mit der Begründung, dass sie die Kinder nicht bevormunden und nur das Beste für sie wollen, muten sie den Kindern zu viel emotionale Last zu, statt ihre Elternrolle und ihre Verantwortung zu tragen. Die Entscheidung ist sehr schwer – und genau deswegen darf sie den Kindern nicht zugemutet werden. Wenn die Eltern sich trennen wollen, müssen sie die

Verantwortung für diesen Schritt mit allen Konsequenzen tragen und dürfen sich nicht auf die Kinder abstützen.

Es lohnt sich unter Umständen, Hilfe durch einen Mediator oder eine Familientherapeutin zu holen. Denn auch die rein organisatorischen Fragen wie »Wer bekommt das Sofa?« und »Wo wird in Zukunft der Wohnwagen abgestellt?« werfen einen sogleich auf die oben beschriebenen Emotionen zurück. Gerade deswegen ist es hilfreich, die praktischen Belange der Trennung in ruhiger Atmosphäre und möglichst sachlich anzugehen. Der Wohnwagen wird auf dem Parkplatz geparkt, der am meisten Staufläche bietet; es wird dafür ein Plan ausgearbeitet, wer welche Ferien darin verbringen darf. Bei einer Trennung muss sehr vieles bedacht werden, da ist es gut, wenn man sich während der Trennungsphase regelmäßig zu »Organisationsmeetings« trifft, in denen die Sachlage geklärt und die Kisten gepackt werden.

Die energetische Ebene der Trennung

Zwei Menschen haben sich irgendwann einmal entschieden, dass sie ein Paar sein möchten. Viele Aufmerksamkeiten wurden ausgetauscht, persönliche Rituale sind entstanden, wie zum Beispiel der Kaffee im Bett am Sonntagmorgen, es gab kleine Gesten der Zuneigung, die nur von den zwei Personen verstanden wurden. Der Anfangszauber des Verliebtseins hat sich zu einer starken energetischen Verbindung entwickelt. Der Entschluss, die Beziehung zu beenden, hat nun zur Konsequenz, dass auch die energetische Ebene getrennt werden muss. Das Band muss zerschnitten werden. Der Schmerz ist ein Aspekt, der die Energie deutlich verändert. Es kann zusätzlich helfen, wenn man auch ein energetisches Trennungsritual macht. Quasi als Pendant zur Heirat zelebriert man nun die energetische Loslösung voneinander.

Übung »Dank und Abschied«

Nehmen Sie sich noch einmal bewusst Zeit als Paar. Gehen Sie an einen Ort, der Ihnen gemeinsam viel bedeutet. Dann erzählen Sie einander, was Sie an der Beziehung besonders geschätzt haben, wofür Sie Ihrem Partner oder Ihrer Partnerin dankbar sind und was Sie in schöner Erinnerung behalten werden. Hören Sie genau zu, was der andere zu sagen hat. Somit können Sie die gemeinsame Zeit würdigen und gut abschließen. Falls Sie verheiratet sind oder sich sonst ein Versprechen gegeben haben, ist es wichtig, dieses Versprechen wieder zu lösen. Sie können zusätzlich ein kleines symbolisches Ritual machen:

1. Ein Seidenband durchschneiden zum Zeichen, dass Sie Ihre Verbindung lösen
2. Einen letzten Brief an den Partner schreiben und verbrennen
3. Ein Foto des Hochzeitstages zerreißen als Symbol, dass dieses Versprechen gelöst ist
4. Sich noch einmal bewusst in den Arm nehmen und dann rückwärts voneinander weggehen

Finden Sie für sich eine rituelle Handlung, die Ihnen hilft, sich aus dieser Beziehung zu lösen.

Es lohnt sich, die energetische Ebene bewusst und wenn möglich gemeinsam zu lösen. Danach fällt es viel leichter, sich der emotionalen und organisatorischen Ebene zu stellen. Auch wenn die Trennung dadurch noch lange nicht schmerzfrei vonstattengeht, ermöglicht es doch, dass sich irgendwann etwas Gutes aus der Trennung entwickeln darf.

Das Glück der Kinder bewahren

Ist die Paarebene getrennt, muss das nicht das Ende von allem sein. Insbesondere für die Kinder ist es wichtig, dass die Eltern sich auch nach der Trennung noch als Einheit verstehen, wenn es um die Belange der Kinder geht. Das heißt, die Familie bleibt bestehen, selbst wenn sich die Eltern getrennt haben. Familie endet nicht mit dem Tod – auch nicht mit dem Tod der Paarbeziehung. Familie bleibt bestehen. Gerade darin liegt ihre besondere Kraft, aber auch die große Herausforderung. Man sollte sich also gut überlegen, mit wem man eine Familie gründen möchte ...!

Die Trennung schmerzt die Kinder, das kann man nicht verhindern. Kinder wünschen sich Mama und Papa als Paar, und sie wollen, dass es beiden gut geht. Diese beiden Wünsche werden während einer Trennung hart auf die Probe gestellt und zumindest vom ersten Punkt muss sich das Kind verabschieden. Die Eltern wiederum haben die Möglichkeit, die Trennung so durchzuführen, dass es dem Kind so weit als möglich gut geht, obwohl sein erster Wunsch nicht mehr in Erfüllung geht. Dazu sollten die Eltern verschiedene Dinge beachten:

Erstens ist es absolut entscheidend, dass die Eltern die Elternschaft weiterhin als gemeinsame Aufgabe wahrnehmen und darin ihre persönlichen Befindlichkeiten ausklammern. Egal, was sich die Eltern gegenseitig vorwerfen und welche Fehler vielleicht im Umgang untereinander gemacht wurden, es ist für das Gleichgewicht in der Familie essenziell wichtig, dass die Eltern sich gegenseitig als Erziehungsberechtigte und als Bezugspersonen der Kinder wertschätzen. Das bedeutet, dass man trotz aller Unstimmigkeiten erkennt, dass der andere seine Bedeutung für die Kinder behält und sich auf seine Weise um die Kinder kümmern darf.

Gleichzeitig ist es ratsam, sich an die anfängliche Liebe und Verbundenheit zu erinnern, aus der die Kinder entstanden sind.

Bleibt diese im Bewusstsein der Eltern, geht es den Kindern auch nach der Trennung gut. Oder wie es Bert Hellinger ausgedrückt hat: »Wenn man ein Paar berät, das sich scheiden lassen will, dann sagt man ihnen, dass es für das Wohl der Kinder das Beste ist, wenn jeder in den Kindern die ursprüngliche Liebe zum Partner fortsetzt, so wie sie angefangen hat, was immer später daraus geworden ist.«[29]

So bleibt die alte Paarbeziehung, die der Ursprung der Familie gewesen ist, gewürdigt. Nur durch diese Würdigung behält sie die Kraft, die für das Wohl der Kinder entscheidend ist. So fühlen sich die Kinder in der Familie aufgehoben, weil sie spüren, dass die Eltern der gemeinsamen Vergangenheit Wertschätzung entgegenbringen. Das drückt auch aus, dass in der beendeten Beziehung nicht alles schlecht war und vor allem dass die Beziehung sinnvoll war, weil daraus die Kinder entstanden sind. Somit behalten die Kinder ihre emotionale und energetische Heimat.

Das alles ist nicht einfach – dessen bin ich mir bewusst. Und trotzdem: Versuchen Sie es! Sie dürfen Ihre Beziehung beenden, wenn es nicht mehr geht. Aber verlieren Sie nie den Respekt Ihrem ehemaligen Partner gegenüber, sonst leiden Ihre Kinder mehr unter der Trennung als nötig wäre.

Zweitens ist es ganz wichtig, jegliches Verantwortungsgefühl vom Kind wegzunehmen. Wenn sich die Eltern trennen, suchen viele Kinder die Schuld bei sich. Sie denken sich, dass jemand einen Fehler gemacht hat, sonst würde nicht so etwas Schreckliches passieren. Die kindliche Logik kommt dann häufig zum Schluss, das Kind selbst habe vermutlich etwas falsch gemacht. Da müssen die Eltern einschreiten und das Kind entlasten.

Übung »Dich trifft keine Schuld«

Wenn Sie sich trennen, dann nehmen Sie sich etwas Zeit, am besten beide Elternteile gemeinsam, und sprechen Sie in Ruhe mit Ihrem Kind. Erklären Sie ihm, dass Sie sich trennen. Sagen Sie wörtlich: »Wir trennen uns, aber wir bleiben deine Eltern. Du hast keine Schuld an unserer Trennung. Es ist nur eine Sache zwischen uns beiden. Wir lieben dich beide sehr und werden weiterhin gemeinsam für dich sorgen.«

Es ist wichtig, dass das Kind versteht, dass es nicht der Grund für die Trennung der Eltern ist. Gleichzeitig muss es verstehen, dass es nichts dagegen tun kann. Es muss die Endgültigkeit der Trennung akzeptieren und sehen, dass es nichts daran ändern kann. Egal, wie sehr es dies auch versuchen mag. Das tut weh, gleichzeitig wirkt dieses Wissen entlastend.

Die Liebe des Kindes zu seinen Eltern bleibt ebenfalls bestehen. Und zwar zu beiden in gleichem Maß! Egal, ob sich vielleicht in jemand anders verliebt hat oder wer welchen Fehler in der Beziehung begangen hat, die Liebe des Kindes bleibt bestehen. Und das müssen die Eltern akzeptieren. Es darf auf keinen Fall passieren, dass sich ein Kind emotional zwischen seinen Eltern entscheiden muss. Kinder sind immer loyal. Um sie zu schützen, ist es wichtig, dass die Eltern positiv oder zumindest neutral über den anderen Elternteil reden. Die eigene Wut und den eigenen Schmerz kann man seinen Freunden oder anderen vertrauten Personen mitteilen, aber nicht seinem Kind. Das belastet das Kind und es kommt in einen inneren Konflikt. Erstens versteht es die Zusammenhänge nur unzureichend und zweitens schaden ihm Informationen, die Schuldzuweisungen über den anderen Elternteil beinhalten. Man muss dem Kind ermöglichen, dass es weiterhin zu Mutter und Vater einen guten und intensiven Kontakt pflegen darf. Dazu sollte auch gewährleistet sein, dass das Kind jederzeit mit beiden kommunizieren darf, wenn es dies wünscht.

Kommunizieren darf das Kind auch seine Wut, seine Angst und seine Verzweiflung. Die Trennung der Eltern ist eine Krisensituation, die mit heftigen Gefühlen einhergeht. Genau wie die Eltern trauert auch das Kind um die verlorenen Möglichkeiten. Je nach Alter und Charakter des Kindes wird die Trauer unterschiedlich ausgedrückt. Sei es durch Weinen, durch aggressives Verhalten, durch Beschimpfung der Eltern oder durch Rückzug ins eigene Zimmer oder in die eigene Welt. Der Rückzug ins Schneckenhaus ist am gefährlichsten, weil die Gefühle da von den Eltern nicht gehört und gesehen werden und deswegen auch nicht begleitet werden können. Ich ermuntere Eltern in Trennungssituationen immer dazu, den Kindern zu ermöglichen, ihre Gefühle auszudrücken. Das heißt, nicht gleich mit Erziehungsmaßnahmen zu reagieren, wenn ein Kind während der Trennung seine Wut oder seine Verzweiflung zeigt. Es hilft dem Kind, wenn die negativen Gefühle Platz haben und von den Eltern ernst genommen werden. Deswegen wird nicht die Trennung infrage gestellt, sondern lediglich Möglichkeiten geschaffen, dass das Kind seine Emotionen zeigen darf. Unterdrückte Gefühle richten mehr Schaden an als heftiges Weinen oder Türeschlagen. Emotionen sind gut, selbst die sogenannten negativen, denn sie helfen, sich auf eine Situation einzulassen, statt sich ihr zu entziehen. Auch dem Kind steht ein innerer Abschiedsprozess von der alten Familienform zu. So wie das Kind die Familie bis anhin erlebt hat, wird sie nach der Trennung nicht mehr sein. Eine neue Form entsteht.

Wenn Sie das Gefühl haben, dass Ihr Kind während oder auch nach der Trennung Hilfe braucht, die Geschehnisse zu verarbeiten, können Sie gemeinsam als Familie die neue Konstellation durch eine Übung erfahren und emotional integrieren.

Übung »Die neue Form finden«

Stellen Sie sich als Familie im Kreis auf. Mama und Papa stehen nebeneinander und geben sich die Hand. Mit der anderen Hand halten sie die Hand des Kindes oder eines der Kinder. Wenn Sie mehrere Kinder haben, stellen Sie die Kinder gegenüber den Eltern auf, alle Mitglieder der Familie bilden gemeinsam einen Kreis und halten sich an den Händen.
Bleiben Sie eine Weile so stehen und geben Sie den Kindern die Möglichkeit, dieses Bild genau zu sehen und zu erspüren. Dann wechseln Mama und Papa den Platz, sodass sie nicht mehr nebeneinander stehen, sondern gegenüber. Im Kreis sind somit die Kinder zwischen den Eltern.
Sagen Sie zu den Kindern: »Auch wenn wir beide kein Paar mehr sind und uns nicht mehr die Hand reichen, bleiben wir alle zusammen trotzdem eine Familie. Und über euch sind wir beide auch in Zukunft miteinander verbunden.«
Geben Sie den Kindern wiederum die Möglichkeit, dieses neue Bild in sich aufzunehmen.

Kinder denken in Bildern, und darum hilft es ihnen, die neue Familienkonstellation über diese Übung zu verinnerlichen. Neben dem Bild wirkt auch die körperliche Erfahrung, dass der Kreis ganz bleibt, auch wenn die Eltern sich nicht mehr berühren.

Alleinerziehende

Die Trennung der Eltern kann zu jedem Zeitpunkt geschehen. Es gibt Eltern, die trennen sich während der Schwangerschaft des ersten Kindes oder kurz nach der Geburt. Andere warten damit, bis die Kinder aus dem Haus gehen. Es lässt sich nicht ermitteln, welcher Zeitpunkt oder welches Alter des Kindes der richtige Moment für eine Trennung ist. Den richtigen Moment in dem Sinne gibt es nicht. Trennungen dagegen gibt es sehr häufig.

Genauso wie es viele Familien gibt, in denen gleich zu Beginn klar ist, dass die Eltern zwar miteinander geschlafen haben und daraus das Kind entstanden ist, sie aber niemals die Intention haben, in einem gemeinsamen Haushalt zu leben. Somit gibt es eine große Zahl an alleinerziehenden Müttern oder Vätern. Ein Kind – oder gar mehrere Kinder – allein aufzuziehen, ist eine große Herausforderung, die viel Kraft erfordert. Es ist nicht leicht, alle Entscheidungen allein zu treffen. Neben Schlafmangel und sehr großem Arbeitsaufwand, weil neben der Versorgung der Familie auch noch der ganze Haushalt organisiert werden muss, ist auch die emotionale Belastung nicht zu unterschätzen. Kümmern sich beide Elternteile um die Kinder, kann man sich bei Unsicherheiten austauschen und gemeinsam nach Antworten suchen. Viele Alleinerziehende haben diese Möglichkeit nicht, weil der Partner die Kinder zwar beispielsweise jedes zweite Wochenende zu sich nimmt, die Hauptlast der Erziehung aber nur beim eigentlichen Erziehungsberechtigten liegt. Die juristischen Einteilungen, wer wie viel Zeit mit den Kindern verbringt, führen meist zu einer ungleichmäßigen Verteilung zwischen Mutter und Vater, die es dem Elternteil, der nur wenig Zeit mit dem Kind verbringt, schwer macht, sich voll in die Erziehung einzubringen.

Gleichzeitig steckt hinter dem Gefühl der alleinigen Verantwortung oft auch die Unfähigkeit der Eltern, eine gute Lösung zu finden und eine kommunikative Ebene zu pflegen, die einen guten Austausch möglich machen würde.

Es ist traurig zu sehen, wie viele Paare nach einer Trennung nicht mehr in der Lage sind, sich gemeinsam um die Kinder zu kümmern. Dazu müssen sie sich nicht die Wohnung teilen. Sich gemeinsam zu kümmern, würde einfach bedeuten, dass man die gleichen Ziele hat und das Wohl der Kinder als Richtwert für die gemeinsamen Entscheidungen nimmt. Die Realität sieht leider oft so aus, dass getrennte Eltern nur noch das Nötigste miteinander sprechen und sich jeder ganz auf seine eigene Beziehung zum Kind fokussiert. Je kleiner das Kind, umso schlimmer die emotionalen Folgen für das Kind.

Mütter, die ihr Kind von Anfang an allein betreuen, zum Beispiel weil keine feste Partnerschaft zum Vater des Kindes bestanden hat, sind besonders gefährdet, alle Verdrehungen, die es in einer Familie geben kann, geschehen zu lassen. Es ist schwierig, allein die Familienhierarchie einzuhalten, weil sich Mutter und Kind intensiv aufeinander einstellen können und müssen. Da ist es nur verständlich, dass sich die beiden gefühlsmäßig zu einer Einheit zusammenschließen, damit der Alltag funktioniert. Aber gerade wenn man alleinerziehend ist, ist es für das Wohl des Kindes wichtig, dass man die Grundregeln beachtet. Ansonsten hat das Kind keine Chance, die untere Stufe des Kindes zu erfahren. Die kindliche Unbeschwertheit fällt weg und das Kind wird zum Gegenüber der Mutter und somit zum Chef, zum Partner und manchmal auch zur besten Freundin oder zum besten Freund in einem. Kinder, die in dieser Konstellation aufwachsen, machen sich automatisch Sorgen um die Mutter und versuchen, alles zu tun, damit es ihr gut geht.

Daneben gibt es noch eine andere Gefahr. Wächst das Kind auf im Glauben, sein Vater sei eine unwichtige Witzfigur und spiele in seinem Leben keine Rolle, gerät das Kind in einen Gefühlskonflikt, weil es auf der einen Seite die Sichtweise der Mutter übernimmt, um ihr treu zu sein, gleichzeitig aber spürt, dass etwas Essenzielles in seinem Leben fehlt. Die gleiche Dynamik stellt sich natürlich auch ein, wenn der Vater das Kind allein großzieht und die Mutter bloß eine Nebenrolle spielt. Die Lösung dieses Konflikts lässt sich auf einen einfachen Grundsatz reduzieren: Je abwesender ein Elternteil ist, umso mehr muss er vom anderen geachtet werden.

Dies gelingt, wenn man sich bewusst macht, dass das Kind nur dank des Ex-Partners überhaupt geboren wurde. Das Kind ist das Geschenk, welches man aus der Beziehung erhalten hat. Je ehrlicher man diesen Umstand würdigen kann, umso mehr Ruhe und Leichtigkeit zieht in die Familie ein.

Dies gilt nach einer Trennung, bei nie dagewesener Partnerschaft und auch nach dem Tod eines Elternteils. Derjenige, mit dem das Kind keinen Alltag erlebt, muss energetisch tief eingebunden werden, damit das Kind keinen Mangel erleidet.

Es ist interessant zu sehen, dass gerade aus dieser inneren Haltung mehr Energie für den alleinerziehenden Elternteil erwächst. Lehne ich meinen Ex-Partner innerlich ab, verliere ich dadurch meine Kraft als Mutter bzw. Vater. Schaffe ich es aber, die Wichtigkeit des anderen für das Leben meines Kindes anzuerkennen, umso besser geht es mir persönlich in meiner Elternrolle.

Ein weiterer wichtiger Punkt ist, dass auch die Beziehung zum Kind langfristig belastet wird, wenn der andere Elternteil nicht geachtet wird. Oder es entstehen beim Kind Verhaltensauffälligkeiten bis hin zu psychischen Krankheiten. Insbesondere Süchte entstehen häufig vor dem Hintergrund, dass ein Mensch unbewusst nach der Kraft eines abgelehnten Elternteils *sucht*.

Zieht man sein Kind mehrheitlich allein auf, tut man sich, dem Kind und der Harmonie der Familie einen großen Gefallen, wenn auch der andere Elternteil seinen Platz in der Familie erhält beziehungsweise behalten kann.

Die Patchworkfamilie

Wie kann Familie gelingen, wenn plötzlich neue Partner im Leben der Eltern auftauchen? Wie schafft man es, trotzdem die Balance innerhalb der Familie zu halten?

Wichtig ist es, erst einmal zu erkennen, dass die Kernfamilie als System intakt bleibt, auch nach einer Trennung oder Scheidung der Eltern. Gehen die Eltern eine neue Partnerschaft oder sogar eine neue Ehe ein, wird das System erweitert. Das Zusammenspiel der einzelnen Personen folgt auch dann einem gewissen Regelwerk, das es zu beachten gilt.

Für die Kinder hätte es schwierige Folgen, wenn sich Eltern und Stiefeltern nicht an die energetischen Regeln halten würden. Entscheidend ist vor allem, dass sich alle bewusst sind, dass die neuen Partner keine Ersatzeltern sind. Man kann in einem System keine Rollen tauschen, sonst gibt es ein energetisches Chaos, unter dem alle zu leiden haben. Das heißt, auch nach einer Trennung bleibt die Frau in vollem Umfang die Mutter ihrer Kinder, und der Mann behält seine wichtige Funktion als Vater und gibt den Kindern Halt, selbst wenn er in einem anderen Haushalt wohnen sollte.

Nach einer Trennung geht das Leben weiter und wird durch neue Begegnungen bereichert. Wie schön, wenn man sich nach einer Krise wieder neu verlieben kann! Und irgendwann kommt ein neuer Partner ins Leben. Das ist erst einmal etwas Wunderbares. Mit Kindern aus einer früheren Beziehung birgt es aber auch Potenzial zu Schwierigkeiten. Deswegen: Gehen Sie es langsam an! Ich würde Kinder nicht in den ersten Wochen einer neuen Liebe mit dem neuen Mann oder der neuen Frau an der Seite der Eltern konfrontieren. Zuerst einmal sollte die neue Beziehung die Chance haben, als reine Zweierbeziehung zu bestehen. Wenn man sich zu zweit über längere Zeit so wohlfühlt, dass man miteinander weitergehen möchte, kann man ganz langsam die Kinder miteinbeziehen durch ein erstes Kennenlernen an einem neutralen Ort. Je nach Alter der Kinder kann das auf dem Spielplatz sein, auf dem Minigolf-Platz oder in einer netten Eisdiele. Der erste Kontakt ist idealerweise zeitlich begrenzt auf ein paar Stunden, sodass die Kinder den neuen Freund oder die neue Freundin erst einmal beschnuppern können.

Die Treffen können danach langsam ausgedehnt werden, man verbringt immer mehr Zeit miteinander. Gerade am Anfang kann es die Situation entspannen, wenn man gemeinsam etwas unternimmt. Kinder sind Macher und öffnen sich emotional einem anderen Menschen gegenüber, wenn sie mit ihm gemeinsam etwas erleben oder etwas gestalten können. Gemeinsames Basteln, Werken oder den Garten umgraben sind gute Möglichkeiten, sich kennenzulernen.

Man darf den Kindern klar mitteilen, dass dieser Mensch wichtig ist. Damit sich die Kinder darauf einlassen können, hilft es aber, wenn man sich bei den ersten Treffen etwas zurückhält, was den Austausch von Zärtlichkeiten betrifft. Geben Sie den Kindern Zeit, sich an die neue Situation zu gewöhnen.

Die langsame Annäherung gipfelt irgendwann in gemeinsam verbrachten Wochenenden, einem gemeinsamen Urlaub und später vielleicht sogar in einer gemeinsamen Wohnung.

Die renommierte Psychologin Katharina Grünewald beschreibt vier Entwicklungsphasen[30] einer Patchworkfamilie:

1. Schnuppern und Kennenlernen
2. Positionsgerangel und Machtkämpfe
3. Fügung
4. Etablierung

Diese Phasen scheinen mir sehr nachvollziehbar. In der ersten Phase geht es, wie oben beschrieben, erst einmal darum, dass die Kinder und der neue Partner sich gegenseitig kennenlernen können. Die Herausforderung dabei ist, dass sich die Kinder diesen Menschen nicht ausgesucht haben, Vater oder Mutter aber den Wunsch hegt, die Kinder mögen erkennen, was für einen wunderbaren Menschen sie gewählt haben. Wenn man Glück hat, teilen die Kinder diese Einschätzung, es kann aber auch viel Zeit vergehen, bis sie zum gleichen Schluss kommen. Andererseits hat sich der neu hinzukommende Erwachsene zwar seine neue Liebe ausgesucht, nicht aber die dazugehörenden Kinder. Es braucht viel Fingerspitzengefühl, diese Phase zu gestalten. Wichtige Fragen sind dabei: »Was brauchen wir als Paar?« Und: »Was brauchen die Kinder, damit sie sich auf die neue Situation einlassen können?« Es liegt auf der Hand, dass ehrliche Gespräche weiterhelfen. Und das Aufbringen von gegenseitigem Verständnis und Geduld.

Die zweite Phase ist bestimmt durch Positionsgerangel und Machtkämpfe. Jeder versucht nun, in der neuen Familienkonstellation seinen Platz zu finden. Die Kinder sind es gewöhnt, dass in ihrer Familie eine inhärente Familienlogik[31] herrscht. Das sind die kleinen unausgesprochenen Regeln, wie etwas gehandhabt wird. Vielleicht sind die Kinder es gewohnt, dass sie am Sonntagmorgen zu Mama ins Bett kriechen dürfen und man miteinander kuschelt, während Mama eine Geschichte vorliest. Während der neue Partner gerne früh aufstehen und mit seiner Liebsten Joggen gehen möchte. Oder die Kinder sind es gewohnt, dass sie nach dem Essen ihren Teller in die Abwaschmaschine stellen, wie es gerade kommt, die neue Partnerin des Vaters aber eine penible Ordnung halten möchte und es gar nicht leiden kann, wenn die Teller einfach irgendwo in den Geschirrkorb gestellt werden. Dann muss man miteinander nach Lösungen suchen. Wenn die alte Familienlogik auf die neue Paarsituation prallt, birgt das Stoff für Streit und Unverständnis. Gerade in der zweiten Phase ist es entscheidend, dass sich der verliebte Elternteil und der neue Partner an gewisse energetische und verhaltensbedingte Regeln halten:

Die Kinder werden nur von ihren Eltern erzogen. Stiefeltern haben keine Erziehungsberechtigung. Es ist gut, wenn sie mitteilen, was ihnen wichtig ist und wie sie sich das Zusammenleben vorstellen. Sie dürfen in dieser Phase aber keinerlei Erziehungsmaßnahmen den Kindern gegenüber durchsetzen. Der Kontakt zu den Kindern gelingt am besten, indem man sich bewusst macht, welche Bedeutung die Kinder im Leben des Partners spielen. Und gar nicht erst versucht, dagegen zu konkurrieren.

Ebenso wenig sollte man gegen den früheren Partner konkurrieren. Insbesondere Frauen scheint das schwerzufallen, wenn sie in die Situation geraten, dass der neue Partner eigene Kinder mitbringt. Das ist eine große Herausforderung, weil man im Leben des neuen Partners niemals die Nummer 1 sein wird. »Es hilft sehr, sich mit diesem Gedanken anzufreunden: Allein chronologisch gesehen ist man nicht die Nr. 1, es gibt immer schon mindestens eine Frau, die Ex, die eine wichtige Rolle im Leben des Partners eingenommen hat.«[32]

Dies ist nicht nur psychologisch von Bedeutung, sondern auch energetisch. Hat man mit jemandem ein Kind, egal, ob man geheiratet hat oder nicht, bleibt dieser Partner energetisch die Nummer 1, auch nach der Trennung. Auch wenn die zweite (oder dritte) Beziehung vielleicht viel inniger und stärker erlebt wird, die gemeinsamen Kinder sind bindend. Ein neuer Partner wird nie die energetische Nummer 1 werden. Dessen müssen sich beide bewusst sein. Dann kann die Beziehung gelingen, und es fällt auch leichter, den Beziehungsaufbau zu den Kindern zu gestalten.

Der Neue kommt zu einem bestehenden Familiengefüge hinzu und kann es durch seine Persönlichkeit und sein Engagement ergänzen. Aus dieser Haltung heraus kann man eine schöne Beziehung zu den Kindern aufbauen und ihnen mit der Zeit eine wichtige Bezugsperson werden, ohne gegen die bestehenden Rollen von Vater oder Mutter konkurrieren zu müssen. Dabei ist es ganz entscheidend, dass die neuen Partner den Ex-Partnern gegenüber Achtung und Respekt zeigen. Auch wenn man selbst in der Erziehung gewisse Dinge vielleicht anders machen würde oder Probleme anders lösen würde, muss man die Lösungsansätze der Mutter oder des Vaters der Kinder anerkennen.

Daraus ergibt sich die dritte Phase der Fügung. Man findet in der neuen Konstellation zusammen. Dabei ist es natürlich auch wichtig, dass man den neuen Partner an der Seite des eigenen Ex-Partners akzeptiert. Ist der Vater gegen den neuen Partner der Mutter und äußert das den Kindern gegenüber offen, wird es für die Kinder schwierig, sich auf die neue Familienform einzulassen. Kinder sind unter allen Umständen loyal. Aber vielleicht finden sie es toll, dass der neue Partner mit ihnen Schlittschuhlaufen geht, was der Papa aufgrund einer Knieverletzung nicht machen kann. Oder sie genießen es, mit der neuen Partnerin vom Papa Kuchen zu backen, was die Mama nicht mag und deswegen den Geburtstagskuchen lieber beim Bäcker bestellt. Für das neu entstehende Gleichgewicht braucht es also die Akzeptanz der Eltern für die ebenfalls neu entstehenden Beziehungen der Kinder zum neuen Partner. Genau wie Kinder nicht zwischen Mama und Papa wählen müssen, sollte man sie auch nicht in die missliche Lage bringen, zwischen anderen Bezugspersonen wählen zu müssen. Dann fügt sich alles gut zusammen und man kommt hoffentlich in die vierte Phase der Etablierung. Mit der Zeit sind die Kinder und alle Erwachsenen daran gewöhnt, dass nicht mehr nur zwei Erwachsene für die Kinder da sind, sondern vielleicht drei oder vier. Dabei ist klar: Die Eltern übernehmen die grundlegende Versorgung und Erziehung der Kinder, während die Stiefeltern gewissermaßen eine Zugabe des Lebens sind.

Einem Kind das Leben zu schenken, ist das größte, was man tun kann – alle Unterstützung, die danach kommt, erreicht energetisch nie denselben Wert.

Frau Kling ist bei mir, weil ihre vierjährige Tochter täglich heftige Weinkrämpfe hat, die anscheinend grundlos auftauchen. Da sie noch einen kleinen Sohn von zwei Monaten hat, kommt ihre Mutter mit in die Beratung, um sich um den Kleinen zu kümmern. In der Familienanamnese erfahre ich, dass es nicht ihre leibliche Mutter ist, die mit dabei ist, sondern ihre Stiefmutter, die sich nach dem Tod der Mutter, als sie ein kleines

Mädchen war, rührend um sie gekümmert hat und bis heute ein wichtiger Mensch in ihrem Leben ist, von dem sie viel Unterstützung erfährt. Sie erzählt mir voller Liebe von ihrer verstorbenen Mutter, die sie immer noch vermisst. Dabei schaut sie entschuldigend zu ihrer Stiefmutter. Ich sage zu den beiden: »Ihre Mutter hat Ihnen das Leben geschenkt. Das ist das Größte, was man von einem Menschen bekommen kann. Was Ihre Stiefmutter geleistet hat, ist enorm. Sie ist die Zugabe, die das Leben Ihnen beschert hat. Trotzdem bleibt Ihre Mutter diejenige, von der Sie am meisten erhalten haben. Nichts ist größer als das Geschenk des Lebens. Wenn Sie beide sich diesem Umstand bewusst sind, dürfen Sie von Ihrer Stiefmutter ohne schlechtes Gewissen alles annehmen, was sie Ihnen geben möchte, und Sie dürfen ihr in Liebe verbunden sein. Denn dann ist klar, dass sie zwar nie den Platz Ihrer Mutter einnehmen wird, in Ihrem Leben aber trotzdem eine wichtige Rolle spielt.« Beide lächeln mich an und meinen, das fühle sich gut an. Bereits nach der ersten Behandlung und diesem wichtigen Gespräch haben die Weinkrämpfe der Tochter nachgelassen. Ihre Mama hatte keinen inneren Konflikt mehr mit ihren vermeintlichen zwei Müttern, und so konnte sich auch die Kleine entspannen.

Damit die vierte Phase wirklich gelingt, braucht es auch die Anerkennung, die man als Elternteil dem eigenen neuen Partner entgegenbringt. Gerade wenn sich dieser um die Kinder bemüht. Es ist nicht selbstverständlich, dass man sich um fremde Kinder kümmert. Wenn die neue Partnerin bereit ist, den Sohn am Abend ins Fußballtraining zu fahren oder der neue Partner das kaputte Fahrrad der Tochter flickt, gebührt ihnen Dank und Anerkennung.

Zusammenfassend heißt das: Neue Familienhierarchien sind möglich und sie gründen immer auf gegenseitiger Achtung und Anerkennung. Es lassen sich für Patchworkfamilien analog zur grundlegenden Familienbalance folgende Regeln ableiten:

1. Die Kernfamilie bleibt bestehen.
2. Die neuen Partner achten die Ex-Partner und die bestehende Familienlogik.
3. Vater und Mutter akzeptieren die neuen Partner ihrer Ex-Partner als neue Bezugspersonen der Kinder.
4. Die neuen Partner erhalten Wertschätzung für ihren Einsatz für die Kinder.
5. Die Kinder dürfen zu allen beteiligten Erwachsenen eine Beziehung aufbauen und pflegen.
6. Die neuen Partner kümmern sich nicht um die Erziehung der Kinder, dürfen aber eine Beziehung zu den Kindern haben und sie unterstützen.
7. Werden in der neuen Beziehung Kinder gezeugt, entsteht ein neues Familiensystem.

Ich habe zu Beginn des Buches gesagt, dass eine Familie durch die Zeugung des ersten Kindes entsteht. Das bedeutet analog: Wenn ein Elternteil eine neue Beziehung eingeht und ein weiteres Kind zeugt, entsteht daraus ein neues System. Beziehungsweise werden zwei Systeme ineinander verwoben. Der Elternteil, der mit zwei verschiedenen Partnern Kinder gezeugt hat, bildet die Schnittstelle zwischen beiden Systemen. Das ist keine leichte Aufgabe, zumal das alte und das neue System unterschiedliche Bedürfnisse und Erwartungen hegen.

Die Situation wird vereinfacht, wenn man sich unter diesen Umständen ganz klar zum neuen Partner bekennt, gleichzeitig aber allen bewusst ist, dass das neu hinzukommende Kind in der Geschwisterreihenfolge nicht an erster, sondern an hinterster Stelle steht. Gerade weil in einer solchen Situation die Wahrscheinlichkeit sehr hoch ist, dass sich alle auf das kleine süße Baby fokussieren, muss geklärt werden, dass es nicht der Nabel der Welt ist. Auch wenn durch seine Zeugung eine neue Welt beziehungsweise Familie geschaffen wurde. In Bezug auf seine Halbgeschwister ist dieses Kind einfach ein weiteres Kind in der Geschwisterreihe. Diese Klarheit hilft den älteren Geschwistern, die neue Familienform samt Familienzuwachs besser anzunehmen.

Es gibt unzählige Formen von Patchworkfamilien. Sie hängen davon ab, ob beide oder nur einer der Partner Kinder in die Beziehung miteinbringt und ob man weitere Kinder möchte. Am komplexesten ist die Situation, wenn beide Partner bereits Kinder haben und man zusätzlich gemeinsame Kinder bekommt. Die Reihenfolge der Kinder definiert sich dann in Bezug auf den einzelnen Elternteil. Ein Kind kann das zweite Kind seines Vaters und das dritte Kind seiner Mutter sein, wenn der Vater aus einer früheren Beziehung bereits eine Tochter hat und die Mutter zwei Kinder mit in die neue Ehe gebracht hat. Es ist für das Kind in jedem Fall wichtig, seinen Platz zu kennen, besonders wenn die Geschwisterreihenfolge sehr komplex ist.

Darum geht es schlussendlich in allen Belangen rund um das Familienleben: Erst wenn man seinen Platz kennt und ihn bewusst einnimmt, fühlt man sich in der Familie und im eigenen Leben wohl. Das bedeutet auch, dass wir all unseren Familienmitgliedern ihren Platz zugestehen müssen ohne Wenn und Aber. Dann bleibt die Familie in Balance, egal, was passiert.

Besondere Familienformen

Wir leben in einer Zeit, in der es nicht ausschließlich über die natürliche Zeugung möglich ist, ein Kind zu bekommen. Immer mehr Kinder werden mittels künstlicher Befruchtung gezeugt. Bleibt auch dieser Weg verwehrt, entschließen sich manche Eltern für eine Adoption. Es lohnt sich, die energetischen Bedingungen anzuschauen, die es besonderen Familienformen ermöglichen, trotz der anderen Voraussetzungen der Familienentstehung doch das innere Gleichgewicht als Familie zu finden.

Die künstliche Befruchtung

Immer mehr Kinder werden durch medizinische Hilfestellungen gezeugt. Dies geht von der einfachen Hormonbehandlung über Insemination bis zur künstlichen Befruchtung.

Kinder werden oftmals nicht mehr als Geschenk des Lebens betrachtet, sondern als Projekt, das man erfolgreich umsetzen möchte. Die medizinischen Möglichkeiten, die uns heute zur Verfügung stehen, ermöglichen vielen Paaren die Elternschaft, welche diese auf natürlichem Wege nicht geschafft hätten. Vordergründig ist das ein sehr schöner und erstrebenswerter Zustand. Hintergründig birgt diese große Chance aber auch Schwierigkeiten, die bis anhin gänzlich unbeachtet waren beziehungsweise totgeschwiegen wurden.

Da ist zuerst einmal der Druck, der auf allen Paaren im jüngeren Erwachsenenalter bis zu etwa 45 Jahren lastet. Früher war es Schicksal, ob man Kinder bekommen hat oder nicht. Die medizinischen Angebote der Reproduktionsmedizin führen dazu, dass Kinderbekommen heute weniger unter dem Aspekt der Empfängnis betrachtet wird als früher. Empfängnis wäre von ihrem Wesen her gekennzeichnet durch Abwarten und freudiges Empfangen und ist in dem Sinne passiv-weiblich. Heute versteht man unter der Familiengründung eine aktive Handlung, bei der alle Möglichkeiten ausgeschöpft werden wollen. Diese Zielorientierung entspricht dem männlichen Prinzip des Tuns. Da gibt es energetische Verschiebungen im Prozess der Empfängnis oder generell gesagt, in der Erwartungshaltung an das Leben. Leben kann man aber nicht machen, man kann es nur empfangen. Leben entsteht aus sich selbst, ohne unser Zutun. Wenn wir meinen, wir müssten Leben kreieren, statt ihm die Möglichkeit zu geben, sich zu entfalten, setzen wir uns selbst unter Druck. Kinderbekommen wird somit zu einer Leistung, die man erbringen möchte. Dies widerspricht aber den natürlichen Voraussetzungen für eine Schwangerschaft, welche aus der seelischen Zustimmung und dem noch immer unerklärlichen Aspekt des Wunders entsteht. Jeder Reproduktionsmediziner weiß, dass es bei allen technischen Möglichkeiten noch etwas Zusätzliches braucht, das man nicht beeinflussen kann und welches schlussendlich dazu führt, dass sich die geteilten Zellen zu einem Embryo entwickeln, der in der Lage ist, sich in der Gebärmutter einzunisten. Das ist einerseits der nicht fassbare Impuls der Lebenskraft selbst, die sich vervielfältigen möchte, andererseits das gegenseitige Ja der drei beteiligten Seelen von Vater, Mutter und Kind. Diese Zustimmung ist seelisch und entzieht sich der Kontrolle des Verstandes.

Das Thema Kinderkriegen könnte für viele Paare entspannter gestaltet werden, wenn man sich bewusst macht, dass schlussendlich weder der Arzt noch man selbst darüber entscheiden kann, ob es klappt oder nicht. Wenn die Gründung einer Familie wieder mehr als eine Möglichkeit unter vielen wäre, die das Leben uns bietet, und somit als Geschenk angesehen wird, das man sich nicht verdienen kann und das einem aber auch nicht automatisch zusteht, ergäbe sich daraus eine innere Zustimmung zum Leben, so wie es ist, und der Druck würde schwinden.

Nach diesem kurzen philosophisch gefärbten Einstieg in das Thema möchte ich Ihnen nun erzählen, wie es den Kindern geht, die künstlich gezeugt wurden.

Wie alle Kinder freuen sie sich des Lebens und erkunden die Welt. Und doch liegt auf ihnen mehr Druck als auf den natürlich gezeugten Kindern. Eltern, die sehr lange auf ihr Kind warten mussten und dafür den steinigen Weg der Reproduktionsmedizin gegangen sind, setzen große Erwartungen in ihr Kind. Nicht einmal unbedingt, dass das Kind perfekt sein muss. Aber es soll den Eltern das Familienleben ermöglichen, was die Eltern offenkundig als einzige Form des Glücks verstehen, sonst hätten sie sich nicht so sehr darum bemüht. Aber auch da gilt: Das Kind ist nur das Kind. Im Endeffekt ist es auch bei der künstlichen Befruchtung eine glückliche Fügung, dass das Kind zur Welt kommen konnte, und das Leben der Eltern hätte auch ohne das Kind schön sein können. Wenn die Eltern ihrem Kind bewusst oder unbewusst das Gefühl geben, dass sie nur glücklich sein können, weil das Kind zur Welt gekommen ist, fühlt sich das Kind von dieser Haltung erdrückt. Damit wird ihm die ganze Last aufgebürdet. Zumal es nach der ganzen Vorgeschichte bestimmt extrem viel Aufmerksamkeit seiner Eltern erhält und dadurch sehr schnell auf der Position des Chefs oder des Zentrums der Familie steht.

Eltern, die sich für eine künstliche Befruchtung entschieden haben, müssen noch sorgsamer als andere Eltern sein, was die energetischen Regeln betrifft. Ganz einfach dadurch, dass sie lange Zeit fokussiert auf das Ziel hingearbeitet haben, ein Kind zu bekommen. Somit stand das Kind im Zentrum der Gefühle und Handlungen der Eltern, noch bevor es überhaupt gezeugt wurde. Das braucht nach der Geburt eine sehr bewusste Korrektur, sonst wird das Familienleben anstrengend, weil sich aus dem ursprünglichen Wunschkind durch die energetischen Verschiebungen der Familienhierarchie sehr schnell ein kleiner Tyrann oder eine kleine Prinzessin entwickelt, die alles bestimmen will.

Kinder, die mithilfe der künstlichen Befruchtung gezeugt wurden, zeigen häufig einen starken Willen. Da die Zeugung außerhalb des Mutterleibs passiert und der erste energetische Impuls des Vaters fehlt, der sich bei der Sexualität entladen würde, muss das Kind selbst viel mehr Energie aufwenden als normal. Die erste Erfahrung, die das Kind macht, ist: Wenn ich mich anstrenge, wird alles gut. Sie lernen gleich zu Beginn ihres Seins, dass sie viel Energie einsetzen müssen, um sich entwickeln zu können. Dieses Muster nehmen sie mit ins Leben. Dies erklärt, warum man bei vielen dieser Kinder eine Hyperaktivität beobachten kann und warum die Kinder häufig schlecht entspannen können. Sie möchten immer alles geben, weil das erfolgreich war. Langfristig kann das sowohl für die Kinder als auch für die Eltern aber sehr anstrengend werden …

Familie Hartmann kommt mit Janina (8) zu mir. Janina rennt ohne Begrüßung direkt an mir vorbei, wirbelt im ganzen Raum herum und hat innert zehn Sekunden bereits alle Puzzles und ein Großteil der Kinderbücher auf dem Boden verteilt. Sie plappert drauflos und fragt mich, ob ich auch Kinder habe. Ohne meine Antwort abzuwarten, klettert sie auf die Behandlungsliege und springt sogleich wieder hinunter. Sie kann keinen Moment stillsitzen, und während die Eltern mir erklären, warum sie bei mir sind, werden mir zwei Dinge auf den ersten Blick klar. Erstens: Janina hat klare Anzeichen für eine Hyperaktivität, und zweitens: Sie wendet für alle Aktivitäten mehr Energie auf als nötig wäre. Ich vermute also, dass ihre Entstehungsgeschichte interessant sein könnte. Ich sollte Recht behalten. Janinas Eltern hatten vor Jahren einen Jungen verloren, der relativ früh in der Schwangerschaft verstorben ist. Weitere Versuche, wieder ein Kind zu

bekommen, sind fehlgeschlagen, auch mehrere Zyklen künstlicher Befruchtungen. Schlussendlich hatten sich die Eltern entschieden, ins Ausland zu reisen. Janina konnte dank einer Eizellspende gezeugt werden. Sie ist die leibliche Tochter ihres Vaters und hat die Schwangerschaft im Bauch der Mama verbracht. Genetisch stammt sie jedoch von einer anderen Mutter.
Im Laufe des Gesprächs hat sich der Vater mit Janina hingesetzt, die beiden spielen Memory, während ich mit der Mutter alles bespreche. Ich möchte den Eltern die energetischen Zusammenhänge ihrer Familie erklären und nehme Holzfiguren zu Hilfe. Ich stelle folgende Figuren auf: Vater, Mutter, Janina, der verstorbene Sohn und die Eizellspenderin. Ebenso Janinas jüngere Geschwister, die ebenfalls durch eine Spende gezeugt wurden, und deren Spenderin. Es stehen also mehrere Figuren auf dem Tisch. Noch bevor ich mit meinen Erklärungen ansetze, kommt Janina wie der Blitz vom anderen Ende des Raums zu uns gerannt, zeigt auf die Figur ihrer Eizellspenderin und fragt: »Wer ist das?« Die Eltern können kaum glauben, was da vor sich geht. »Das ist eine sehr liebe Frau, die dir ein großes Geschenk gemacht hat«, erkläre ich ihr. Sie nickt, lächelt und stellt noch ein paar kleine Figuren mehr auf den Tisch. Sie hat damit all die Seelen aufgestellt, die ebenfalls gezeugt und zur Vorbereitung tiefgefroren wurden, aber nicht inkarnieren konnten. Die Eltern sind ganz gerührt über diese spontane Reaktion von Janina.
Ich erkläre ihnen, welche Wichtigkeit die Eizellspenderin und die Seelenkinder, die es nicht ins Leben geschafft haben, für Janina haben.
Bereits bei der zweiten Behandlung können mir die Eltern berichten, dass Janina entspannter geworden ist. Im Gespräch meint die Mutter nachdenklich: »Als wir uns für diesen Weg entschieden haben, war uns nicht bewusst, welches energetische Chaos wir Janina zumuten.«

Und genau deswegen ist es mir so wichtig, dieses Thema hier ausführlich zu behandeln. Im Fall von Janina ist es so, dass die Familie energetisch gesehen eine Art Patchworkfamilie ist. Janinas Ahnenreihe besteht aus der Familie des Vaters und der Familie der unbekannten Eizellspenderin. Obwohl sie von der Mama ausgetragen wurde, bleibt sie energetisch für immer mit ihrer Eizellspenderin verbunden und trägt ihre Gene und ihre Familiengeschichte in sich. Als die Eltern dies verstanden haben, ging es Janina besser.

Egal, ob ein Kind durch eine Samenspende oder eine Eizellspende gezeugt wird: Die Spender sind nicht nur genetisch, sondern auch energetisch seine leiblichen Eltern, und das Kind gehört in das Familiensystem der Spender. Dieser Tatsache müssen sich die Eltern stellen. Die Familie hat von den Spendern ein großes Geschenk bekommen, das es zu würdigen gilt. Und damit es den Kindern gut geht, müssen die Spender zwingend als Teil der Familie angesehen werden. Das heißt auch: Die Kinder müssen erfahren, wie ihre Entstehungsgeschichte ist und zu wem sie energetisch gehören. Ja, die Kinder müssen zu ihrem seelischen und emotionalen Wohl erfahren, dass sie nicht die Kinder ihrer Eltern beziehungsweise nur das Kind von einem Elternteil sind. Und sie müssen die Chance erhalten, ihre Spender emotional in ihr Leben zu integrieren – selbst wenn es aus politischen Gründen nicht immer möglich ist, dass sie die Spender kennenlernen können. Gerade dann ist es wichtig, dass man ihnen einen inneren Zugang zu ihrer Ursprungsfamilie ermöglicht, indem die Spender im normalen Familienalltag Thema sind und ihren Platz erhalten.

Verschweigt man den Kindern die Wahrheit, wird sich die innere Spannung irgendwann im Leben des Kindes durch ein massives Problem ausdrücken. Das können körperliche Beschwerden, Schwierigkeiten im Beziehungsleben oder gar Identitätskrisen sein. Auch da gilt, dass die Wahrscheinlichkeit für eine Suchterkrankung oder andere psychische Belastungen hoch ist. Dem kann man mit einem behutsamen, aber ehrlichen Umgang mit der Wahrheit vorbeugen.

Es ergibt sich aus einer solchen Familienkonstellation noch eine weitere Besonderheit: Wird ein Kind durch eine Samenspende gezeugt, hat die Mutter eine energetische Verbindung zum Spender, so als ob sie mit ihm eine Beziehung hätte. Denn er ist der Vater des Kindes und das verbindet. Wird ein Kind durch eine Eizellspende, aber mit dem Spermium des Vaters gezeugt, hat der Vater energetisch eine Verbindung zur Eizellspenderin, weil sie die leibliche Mutter des Kindes ist. Die Lebenspartner, mit denen man die Familie gründet, rutschen damit auf den energetischen Platz der Stiefmutter bzw. des Stiefvaters. Es kann durchaus gelingen, mit diesen energetischen Bedingungen ein harmonisches und schönes Familienleben zu gestalten. Aber man sollte sich der Besonderheit bewusst sein und nicht die Augen davor verschließen. Ansonsten sind die Probleme vorprogrammiert.

Ich habe viele Familien begleitet, deren Kinder sehr auffällige Verhaltensweisen gezeigt haben, von Schlafschwierigkeiten über Hyperaktivität bis hin zur Verweigerung des Respekts gegenüber den Eltern. Als wir Ordnung in die Familiengeschichte gebracht haben, indem die energetische Wahrheit ausgesprochen wurde, die sich durch die künstliche Befruchtung ergeben hat, wurden diese Kinder alle entspannter und fröhlicher. Auch hier gilt: Das Wissen um die energetischen Bedingungen und die Anerkennung der Ursachen des Problems helfen den Kindern ungemein. Das Problem ist in dem Sinne nicht die künstliche Befruchtung an sich, sondern dass die Eltern sich nicht bewusst sind, was dies energetisch für ihre Kinder bedeutet. Schafft man Klarheit, geht es den Kindern gut, und sie können ganz normal aufwachsen und sich zu starken und lebensfrohen Erwachsenen entwickeln.

Die Adoption

Adoption ist ein weiterer Sonderfall von Familienplanung. Und auch da gilt: Ein Kind, das adoptiert wurde, gehört energetisch zu seinem Ursprungssystem, selbst wenn es vielleicht nie erfahren wird, wer seine Eltern und Großeltern sind und es keine Möglichkeit hat, die richtige Familiengeschichte zu erfahren. Das Kind bleibt energetisch mit seiner biologischen Familie verbunden und reagiert in seinem Leben auf das energetische Erfahrungswissen und die Ahnengeschichten seines Ursprungssystems.

Die Adoptiveltern müssen sich bewusst machen, dass ihr Kind energetisch nie in ihr eigenes Familiensystem gehören wird. Adoptiveltern können sich liebevoll um ein Kind kümmern und seine Erziehung übernehmen. Es ist aber ein großer Irrtum, wenn man glaubt, die Adoptiveltern könnten die richtigen Eltern des Kindes werden. Auch nach der Adoption hat das Kind nur eine Mutter und einen Vater, nämlich seine leiblichen Eltern. Diese können die Adoptiveltern nicht ersetzen, egal, wie sehr sie sich um das Kind bemühen. Doch sie können zu den wichtigsten Bezugspersonen im Leben des Kindes werden.

Damit dies gelingt, ist es wichtig, dass sich die Adoptiveltern jederzeit darüber im Klaren sind, woher das Kind kommt. Es kommt nicht von ihnen, es hat einen anderen Ursprung. Dieser Ursprung, diese andere Familie, ist für das Kind essenziell wichtig und muss deswegen hoch geachtet werden. Egal, aus welchen Gründen die leiblichen Eltern ihr Kind weggegeben haben.

Wenn das Kind nach der Adoption spürt, dass seine Adoptiveltern mit Respekt von seinen leiblichen Eltern sprechen und sie als wichtigen Teil im Leben des Kindes ansehen, kann sich das Kind emotional besser auf die Adoptiveltern einlassen.

Nimmt ein Paar ein Kind auf, welches durch den Tod der Eltern oder andere schwierige Umstände in Not geraten ist, bleibt dieser Respekt meistens von allein erhalten. Paare hingegen, die sich für eine Auslandsadoption entscheiden, weil sie selbst keine Kinder bekommen können, vergessen oftmals, wie wichtig der Ursprung für das Kind ist und dass die leibliche Familie dem Kind etwas Gutes getan hat: Sie hat ihm das Leben geschenkt. Deswegen bleibt diese Familie, die ganze Sippe und selbst das Land, in dem das Kind geboren wurde, untrennbar mit dem Kind verbunden. Diese Verbindung muss man dem Kind zugestehen, damit es ihm gut geht.

Kinder, die von ihren leiblichen Eltern weggegeben werden, erleben das als einen Bruch in ihrer Lebensgeschichte. Sie fühlen sich von ihrer ursprünglichen Familie abgeschnitten. Die emotionale Verletzung und das Gefühl, nicht willkommen gewesen zu sein, sind tief in die Gefühlswelt des Kindes eingebrannt. Umso wichtiger ist es, dass sie spüren, dass die Adoptiveltern das Kind, so wie es ist, und mit allem, was es mitbringt, herzlich annehmen, ohne ihm seine Wurzeln absprechen zu wollen. Der Aufbau des Vertrauens, welches das Kind in seine Adoptiveltern setzt, kann lange Zeit dauern.

Nino (6) wurde aus Südamerika adoptiert, als er zwei Jahre alt war. Er hat sich bei seiner neuen Familie gut eingelebt und ist ein aufgeweckter Junge, der viel lacht. Die Adoptiveltern kommen mit ihm zu mir, weil er trotz seiner Fröhlichkeit jeden Tag Streit mit den Eltern sucht. So zumindest haben sie das formuliert. Nach dem Essen wirft er seinen Teller zu Boden, er schlägt auf die Katze ein, obwohl er weiß, dass man das nicht darf, und beschimpft die Nachbarskinder mit heftigen Kraftausdrücken. Die Adoptiveltern bemühen sich um Verständnis, geben ihm aber trotzdem durch klare Regeln zu verstehen, dass seine Handlungen Konsequenzen haben. »Wieso macht er das? Wir verstehen es einfach nicht!«, fragen mich die Eltern verzweifelt. »Er möchte herausfinden, ob Sie tatsächlich immer und unter allen Umständen zu ihm stehen«, erkläre ich den beiden.

»Es ist also ein Test?«, fragt der Vater verwundert. Ich bestätige: »Ja. Er testet, ob Sie beide verlässliche Eltern sind, die zu ihm stehen, obwohl er sich nicht so verhält, wie Sie es gern möchten. Sagen Sie ihm, dass er nichts tun kann, was Ihre Entscheidung rückgängig macht, und Sie ihn niemals aufgeben werden, egal, was er anstellt. Dann wird er sich entspannen.« Und so war es auch.

Neben der Anerkennung des Ursprungs des Kindes braucht es viel Geduld und Engagement, damit aus zwei Erwachsenen, die ein fremdes Kind zu sich nehmen, und diesem Kind wirklich eine Familie wird. Es ist kein leichter Weg, und er sollte auch nicht leichtfertig gegangen werden. Adoptiveltern müssen sich bewusst machen, dass sie niemals eine energetisch normale Familienform haben werden.

Kinder, die zur Adoption freigegeben werden, bringen eine schwere Familiengeschichte mit und leiden oft unter einem Trauma, das mit den Umständen der Schwangerschaft und der Geburt sowie der fehlenden Nähe zur leiblichen Mutter zusammenhängt. Deswegen kann man nach der Adoption nicht einfach heile Welt spielen mit Vater, Mutter und Kind. Die Kinder brauchen sorgsame Unterstützung, teilweise professionelle Hilfe und sehr viel Verständnis von ihren Adoptiveltern. Und die Offenheit, dass sie ganz anders sein dürfen als die Adoptiveltern – weil sie eben von einer anderen Familie kommen.

Vordergründig gelten die normalen energetischen Grundregeln auch bei einer Familie, die durch Adoption entstanden ist. Die Paarbeziehung bleibt die wichtigste Beziehung, der Vater führt die Familie und die Mutter eint sie, beide Adoptiveltern sind für das Kind gleich wichtig, die Eltern sind die Großen und das Kind ist klein, das Kind ist nicht der Mittelpunkt der Familie – auch wenn die Eltern alles getan haben, um dieses Kind zu bekommen. Es ist wichtig, die Ahnen des Kindes zu ehren, und zwar diejenigen seines Ursprungssystems. Schwierig wird es unter Umständen, die richtige Geschwisterreihenfolge zu ermitteln. Da man häufig sehr wenig weiß über die leibliche Familie, kann man auch nicht wissen, wie viele lebende Geschwister das Kind hat und wie viele Seelenkinder zu seiner Familie gehören. Dies lässt sich allenfalls durch eine mediale Sitzung oder mithilfe einer Familienaufstellung herausfinden.

Haben die Adoptiveltern zusätzlich leibliche Kinder, ist eines ganz entscheidend: Das adoptierte Kind hat energetisch nicht den gleichen Status wie die leiblichen Kinder. Die leiblichen Kinder stehen den Eltern energetisch näher. Das adoptierte Kind kommt zur Familie hinzu, genau wie die Adoptiveltern in seinem Leben als zusätzliches Geschenk des Lebens hinzukommen. Versucht man, das adoptierte Kind innerlich mit den leiblichen Kindern gleichzusetzen, nimmt man den leiblichen Kindern etwas weg. Gleichzeitig beachtet man den speziellen Umstand der Adoption nicht.

Eine Adoption geschieht in der klaren Absicht der Eltern. Sie sagen zu 100 Prozent Ja zu diesem Kind. Vielmehr als dies bei manch einem leiblichen Kind der Fall ist, welches durch eine überraschende Schwangerschaft in die Familie gekommen ist. Und trotzdem ist die energetische Verbindung zwischen den Adoptiveltern und dem adoptierten Kind niemals gleich stark, wie es bei Eltern mit ihren leiblichen Kindern von Natur aus gegeben ist. Denn es ist keine seelische Zustimmung zum Leben des Kindes, sondern eine rationale Entscheidung, das Kind in die Familie aufzunehmen. Die Eltern entscheiden sich für eine bestimmte Aufgabe, die sie im Leben des Kindes übernehmen möchten, es ist aber keine seelische und somit keine energetische Verbindung vorhanden. Es mag sein, dass die Adoption einem seelischen Lebensplan entspricht, der vorgibt, dass das Kind bei genau diesen Eltern am anderen Ende der Welt aufwachsen wird. Trotzdem bleibt das Kind energetisch ausschließlich mit seinen leiblichen Eltern verbunden. Dessen muss man sich bewusst sein. Dann kann es auch gelingen, dass man eine schöne und tragfähige Beziehung zueinander aufbaut.

Regenbogenfamilien

Das Wichtigste für Kinder sind liebevolle Bezugspersonen, mit denen sie aufwachsen. Dies können die leiblichen Eltern sein oder die Großeltern, Adoptiveltern, ja selbst engagierte Betreuerinnen im Kinderheim. Die Qualität der Beziehung ist schlussendlich viel entscheidender als der Grad der Verwandtschaft. Oder einfach gesagt, was zählt, ist die Liebe zum Kind.

Ich bin überzeugt davon, dass ein Kind nicht nur in der herkömmlichen Form von Familie mit einem weiblichen und einem männlichen Elternteil glücklich sein kann. Das gelingt ebenso mit zwei Mamas oder zwei Papas, die sich vollumfänglich für das Kind verantwortlich fühlen und ihm ein liebevolles Zuhause schaffen. Vorausgesetzt, die oben besprochenen Grundsätze werden eingehalten. Bei Regenbogenfamilien, also Familien mit gleichgeschlechtlichen Eltern, gibt es im Hintergrund sehr häufig Lebensspender, die im Familienalltag nicht präsent sind. Kürzlich hat eine bekannte deutsche Politikerin ein Fernsehinterview zu ihrer Familiensituation gegeben, in dem sie vom Leben mit ihrer Frau und den »gemeinsamen« Kindern erzählt. Die Kinder sind dank einer Samenspende gezeugt worden. Es wurde deutlich, dass das Familienleben gut gelingt. Und doch hat sie einen entscheidenden Satz geäußert, bei dem es mir kalt den Rücken hinunterlief: »Die Väter finden in unserem Leben nicht statt.« [33]

Was für ein Irrtum! Natürlich »finden die Väter statt« – sie leben in jedem einzelnen Augenblick in ihren Kindern weiter. Sie sind erst der Grund, warum die Kinder zur Welt kommen konnten. Diese Haltung nimmt nicht nur den Vätern ihre Bedeutung, sie macht es auch sehr schwer, dass die Kinder zu sich selbst finden können. Sind die Kinder noch klein, mag es sein, dass die Liebe der beiden Mütter das Fehlen der Väter ausgleicht. Aber es wird mit Sicherheit der Moment kommen, in dem sich die Kinder mit ihrer Identität auseinandersetzen möchten. Und spätestens dann sollten sie die Möglichkeit haben, in irgendeiner Form eine Beziehung zu den Vätern aufzubauen. Das kann durch eine innere Zuwendung geschehen oder besser noch durch den direkten Kontakt und Austausch mit dem Menschen, der sie gezeugt hat.

Die ablehnende Haltung gegenüber den Lebensspendern kann für Kinder schädlich sein. Denn auch da gilt: Das Kind gehört in das Familiensystem der beiden Menschen, durch die sein Leben entstanden ist.

Weil die männliche Kraft immer vom Vater zum Sohn weitergegeben wird und eine Tochter die weibliche Kraft von der Mutter erhält, ist es auch deswegen wichtig, dass die Kinder irgendwann mit ihrem Ursprung in Verbindung kommen. Zudem ist es ratsam, dass ihnen die in der Familie fehlende Energie durch andere Bezugspersonen bekannt gemacht wird. Einem rein männlichen Elternpaar ist zu empfehlen, weibliche Bezugspersonen für das Kind zu finden, und ein rein weibliches Paar sollte für den männlichen Ausgleich sorgen. Zudem dient das andere Geschlecht auch als wichtiges Vorbild für die Kinder. Sind sich die Eltern dessen bewusst, können zwei Männer oder zwei Frauen sehr gut als Familie mit angenommenen oder eigenen Kindern zusammenleben.

Die Familienbalance-Regeln wirken auch in Regenbogenfamilien ausgleichend und Harmonie fördernd. Dies zeigt einmal mehr ihre allgemeine Gültigkeit.

3. TEIL: FAMILIENBALANCE IM ALLTAG

Sieben Wege zu einer harmonischen und starken Eltern-Kind-Beziehung

Bestimmt sind Ihnen beim Lesen verschiedene Dinge aufgefallen, die auch für Ihre Familie zutreffen. Das muss Sie nicht beunruhigen. Ich habe noch keine Familie gesehen, in der zu jedem Zeitpunkt immer alles perfekt läuft. Das Leben verläuft in einer Bewegung von Auf und Ab, die gerade durch diese leichten Schwankungen ihre Stabilität entwickelt, sofern man mit ihnen mitgeht, statt sich gegen sie zu stellen.

Die sieben Grundsätze sollen Ihnen helfen, die Schwankungen auszugleichen, indem Sie sich auf die innere Struktur Ihrer Familie besinnen, die Sie wieder ins Gleichgewicht zurückführt. Das gelingt am besten gemeinsam – also sprechen Sie mit Ihrem Partner oder Ihrer Partnerin über die Erkenntnisse, die Sie aus diesem Buch gewonnen haben. Sie können über die grundlegenden Informationen diskutieren und gemeinsam herausfinden, welche Bereiche in Ihrer Familie eine leichte Korrektur benötigen könnten. Dabei geht es überhaupt nicht darum, dass Sie nun hart mit sich ins Gericht gehen. Falls Sie feststellen, dass bis jetzt einige Grundsätze nicht bewusst waren oder nicht eingehalten wurden, können Sie sich nun darauf konzentrieren, die dahinterliegenden Regeln umzusetzen. Dabei werden Sie viele schöne Veränderungen feststellen. Einige treten sofort ein, andere brauchen etwas Zeit.

Verändern Sie nicht alles auf einmal. Es ist ratsam, einen Grundsatz nach dem anderen anzupacken und sich und den Kindern dazwischen die Möglichkeit zu geben, dass sich alle an die neuen Haltungen gewöhnen können. Die veränderten inneren Haltungen gehen einher mit den dazugehörenden Verhaltensänderungen, die sich ganz von selbst einstellen, wenn man sich an die Grundsätze hält. Die Eltern fühlen sich plötzlich stärker und kommunizieren deutlicher, die Kinder werden unbeschwerter und pflegen als Geschwister einen entspannten Umgang untereinander.

Nicht zuletzt wird auch die Beziehung zu den eigenen Eltern und Geschwistern einfacher, wenn man mit der energetischen Familienstruktur vertraut ist. Die Grundsätze lassen sich schließlich nicht nur von der oberen Treppenstufe nach unten einsetzen, sondern auch umgekehrt. Gerade die veränderte Haltung gegenüber der eigenen Ursprungsfamilie kann in der selbst gegründeten Familie viel Positives bewirken. Wenn ich meinen Eltern gegenüber auf der richtigen Stufe stehe, ihre Kraft annehmen kann und mir bewusst bin, dass schon viele vor mir es gemeistert haben, Kinder großzuziehen, dann kann ich die Energie, die sich aus dieser Erkenntnis ergibt, vollumfänglich an meine Kinder weitergeben. Familie besteht nicht nur aus der Kleinfamilie, die gemeinsam den Alltag meistert. Familie ist das große System, in das wir alle eingebunden sind. Schön ist, dass wenn ich für mich die Grundsätze anwende, dies sofort einen positiven energetischen Effekt auf alle noch lebenden Generationen hat.

Die entscheidende Frage ist wohl: »Wie kann man die Grundsätze konkret umsetzen?«

Der erste Schritt ist überhaupt nicht konkret, sondern reine Bewusstseinsänderung. Man muss die Grundsätze zuerst verstehen und verinnerlichen, um sie später umsetzen zu können. Sie dürfen sie dazu ungeniert auswendig lernen, bis Sie jeden einzelnen frei aufsagen können. Es kann auch helfen, die Grundsätze als neue Familienordnung gut sichtbar aufzuhängen, sei es an die Innenseite der Wohnungstür oder an den Kühlschrank. So kann sie jeder sehen, und es können alle darauf hinweisen, wenn einer der Grundsätze verletzt wird.

Das führt uns schon zum zweiten Schritt: Kommunizieren Sie die Grundsätze innerhalb der Familie. Kinder verstehen diese Struktur sofort, weil sie einerseits natürlich gegeben ist und andererseits immer auf das Wohl der Kinder ausgerichtet ist.

Drittens: Machen Sie die verschiedenen Ebenen der Familie sichtbar. Ich empfehle den Familien in der Beratung gern, ein Bild mit einer Treppe zu zeichnen und Fotos der Familienmitglieder auf die richtige Stufe zu kleben. Und zwar möglichst alle Generationen, zu welchen die Kinder einen emotionalen Bezug haben. Dazu gehören auf jeden Fall die Großeltern, und falls die Kinder ihre Urgroßeltern noch kennengelernt haben, kann man die Treppe nach oben erweitern. Dabei dürfen die oberen Generationen von beiden Seiten der Familie, also die Eltern von Papa und Mama, ruhig auf einer gemeinsamen Stufe stehen. Schließlich bekommt die Familie von beiden Seiten positive Energie und Zuwendung.

Viertens: Wählen Sie die Übungen aus, die in Ihrer jetzigen Familiensituation helfen können. Auch für die Übungen darf man sich Zeit nehmen. Es bringt nichts, alle Übungen sofort durchzuführen. Lieber nur zwei oder drei auf einmal und in ein paar Wochen oder Monaten nehmen Sie sich weitere Übungen vor.

Als fünfter Punkt rate ich Ihnen, dass Sie als Eltern gemeinsam immer wieder überprüfen, ob die energetische Balance der Familie noch gegeben ist. Verabreden Sie sich zwei- oder dreimal im Jahr für eine »Familienbalance-Besprechung«, die sie zu zweit durchführen. In dieser Besprechung darf jeder Elternteil mitteilen, wie er sich in Bezug auf die aktuelle Familiensituation fühlt und welche Grundsätze er wieder vermehrt ins Bewusstsein holen möchte.

Sechstens: Vernachlässigen Sie neben der Familie Ihre Paarbeziehung nicht. Ich wollte es einfach noch einmal gesagt haben …

Und als siebter und wichtigster Punkt: Genießen Sie das Leben mit Ihren Kindern! Auch wenn es nicht immer leicht ist, seien Sie sich bewusst: Kinder werden sehr schnell groß, und man hat nur einmal die Chance, sie aufwachsen zu sehen. Familie besteht aus vielmehr als einer energetischen Struktur – da ist einmal die **Liebe**, die alles zusammenhält; die **Zeit**, die man gemeinsam verbringt und die **Erlebnisse**, die selbst dann noch im Gedächtnis bleiben, wenn die Kinder längst aus dem Elternhaus ausgezogen sind. Je mehr Sie sich auf diese drei Dinge konzentrieren, statt nur auf die möglichen Probleme, umso leichter fällt es Ihnen, das Familienleben zu gestalten. Und umso glücklicher werden Ihre Kinder sein!

Und sollten Sie doch einmal spüren, dass die Balance in Ihrer Familie nicht mehr gegeben ist, dann nehmen Sie wieder dieses Buch zur Hand. Die folgende Übersicht soll Ihnen helfen, die einzelnen Übungen konkreten Familienproblemen zuzuordnen.

Übersicht der Familienbalance-Übungen

Übungen zur Stärkung der Eltern-Kind-Beziehung

Problem	Übung	Personen	Ziel
Der Übergang vom Leben als Paar zur Familie fällt schwer	»Abschied von der exklusiven Zweierbeziehung«, S. 74	Mann und Frau	Die Zeit, die man allein als Paar hatte, würdigen und abschließen
Es fällt einem kurz nach der Geburt schwer, die Liebe zum Kind zu spüren	»Liebesbrief ans Kind«, S. 72	Erwachsene, jeder für sich	Beziehungsaufbau zum neugeborenen Kind
Man findet nur schwer in die neue Rolle als Mutter oder Vater	»Die Elternschaft anerkennen«, S. 78	Erwachsene, entweder jeder für sich oder gemeinsam mit dem Kind	Sich selbst als Mutter oder Vater des Kindes fühlen
Die Beziehung zum Kind wird symbiotisch gelebt	»Ich bin ich, du bist du«, S. 116	Erwachsene, jeder für sich	Positive energetische Trennung zwischen Eltern und Kind
Das Kind ist auf einen Elternteil fixiert	»Ich bin ich, du bist du«, S. 116	Erwachsene, jeder für sich	Das Kind spürt, dass es eine eigene Person ist
Es fällt dem Kind schwer, sich von den Eltern zu lösen	»Ich bin ich, du bist du«, S. 116	Erwachsene, jeder für sich	Das Kind fühlt sich auch ohne Eltern ganz

Das Kind übernimmt emotionale Verantwortung und will sich um die Eltern kümmern	»Ich bin groß, du bist klein«, S. 116	Mutter oder Vater mit dem Kind	Das Kind entlasten
Man fühlt sich seiner Erziehungsaufgabe nicht gewachsen	»Ich bin groß, du bist klein«, S. 86	Mutter oder Vater mit dem Kind	Die eigene Größe spüren
Das Kind lässt sich nur schwer führen	»Ich bin groß, du bist klein«, S. 86	Mutter oder Vater mit dem Kind	Das Kind auf den richtigen Platz stellen
Das Kind glaubt, es könne alles bestimmen	»Ich bin hier der Chef«, S. 98	Vater oder Mutter mit dem Kind	Die Führung übernehmen
Das Kind rebelliert übermäßig gegen seine Eltern	»Ich bin hier der Chef«, S. 98	Vater mit dem Kind	Die Familienhierarchie klären
Das eigene Kind wird mit dem inneren Kind verwechselt	»Ich bin ich, du bist du«, S. 110	Erwachsene, jeder für sich	Erkennen, dass das Kind andere Bedürfnisse hat
Der Zugang zum inneren Kind fällt schwer	»Heilung für das innere Kind«, S. 113	Erwachsene, jeder für sich	Liebevollerer Umgang mit sich selbst
Das Kind kennt seinen Platz in der Familie nicht	Treppe mit den verschiedenen Ebenen zeichnen und aufhängen, vgl. S. 207	Ganze Familie	Die Energie fließt von den Großen zu den Kleinen

Übungen zur Stärkung der Paarbeziehung

Problem	Übung	Personen	Ziel
Man fühlt sich vom Partner zu wenig gesehen	»Schau mir in die Augen, Kleines!«, S. 32	Mann und Frau	Das Gefühl des Verliebtseins wiedererleben
Die Alltagsaufgaben stehen über der Beziehung	»Grüß dich, mein Schatz!«, S. 34	Mann und Frau	Nach einer räumlichen Trennung in Kontakt kommen
Die Sexualität ist belastet	»Die Herz-Umarmung«, S. 39	Mann und Frau	Die körperliche Anziehung stärken
Es fällt schwer, sich aufeinander einzulassen	»Gegenseitig die Energien aufladen«, S. 36	Mann und Frau	Stärkung der weiblichen und männlichen Energien beider Partner
Man fühlt sich nur als funktionierendes Team	»Wir sind Mann und Frau«, S. 41	Mann und Frau	Die Entscheidung für die Partnerschaft wiederholen

Übungen für die Geschwister

Problem	Übung	Personen	Ziel
Es gibt übermäßige Streitereien unter den Geschwistern	»Die richtige Sitzordnung«, S. 127	Ganze Familie	Die Kinder spüren die richtige Geschwisterreihenfolge
Ein Seelenkind wird verschwiegen	Alle Übungen zur Integration, vgl. S. 142	Ganze Familie	Alle Geschwister bekommen ihren Platz in der Familie

Übungen mit den Ahnen

Problem	Übung	Personen	Ziel
Das Schicksal der Vorfahren wiegt schwer	»Ich lasse es bei dir«, S. 153	Erwachsene, jeder für sich	Sich vom negativen Einfluss früherer Generationen befreien
Man fühlt sich kraftlos und wenig mit der eigenen Familie verbunden	»Die Ahnenkraft spüren«, S. 156	Erwachsene, jeder für sich	Die Kraft der Ahnen annehmen können

Übungen bei der Trennung der Eltern

Problem	Übung	Personen	Ziel
Die Beziehung kann nicht weitergeführt werden	»Dank und Abschied«, S. 172	Mann und Frau	Die energetische Trennung der Beziehung
Das Kind sucht die Ursache der Trennung bei sich	»Dich trifft keine Schuld«, S. 175	Eltern mit dem Kind	Das Kind von dem Gefühl der Schuld befreien
Der Übergang zur neuen Lebensform fällt schwer	»Die neue Form finden«, S. 177	Eltern mit dem Kind	Das Kind spürt, dass die Familie trotz der Trennung erhalten bleibt

Schlusswort

Ob eine Eltern-Kind-Beziehung stark ist, das äußert sich einmal an der Anzahl schöner und gelungener Momente, die man miteinander verbringen kann. Sie zeigt sich durch ein gelöstes und freies Verhalten der Kinder. Kinder, die Vertrauen in die Liebe der Eltern haben, wissen einerseits genau, was sie dürfen und was nicht, und sind trotzdem sicher genug, sich auch einmal gegen die Eltern zu stellen. Denn eine starke Beziehung hält auch einen Konflikt aus. Wahre Harmonie hat nichts mit permanentem Sonnenschein zu tun, sondern zeigt sich darin, dass man gemeinsam Schwierigkeiten meistern kann und auch bei großen Herausforderungen einen konstruktiven Austausch an Gedanken und Gefühlen zulässt.

Kinder brauchen kompetente Eltern. Das sind Eltern, die ihre Aufgabe kennen und wahrnehmen und die sich nicht vor negativen Gefühlen fürchten – weder vor den eigenen noch vor denen der Kinder. Kinder brauchen klare Regeln, die auf der wohlwollenden Absicht der Eltern beruhen, dem Kind alles Wichtige über das Leben zu vermitteln.

Dabei helfen die sieben energetischen Grundsätze. Sie sind in allen Phasen des Familienlebens unabhängig vom Alter der Kinder hilfreich. Deswegen lohnt es sich, sie wirklich zu verinnerlichen und offen an die Kinder weiterzugeben. Ich bin überzeugt, dass die Harmonie, die sich in den Familien mithilfe der energetischen Struktur erleben lässt, auch dazu beiträgt, dass das gesellschaftliche Miteinander friedfertiger und einfacher wird. Ganz einfach deswegen, weil innerhalb der Familie die eigenen Batterien wieder aufgeladen werden können und man gestärkt nach außen treten kann. Dies gilt für Eltern genauso wie für Kinder.

Familienbalance ist aber kein statischer Zustand, der stabil bleibt, sobald man ihn einmal erreicht hat. Auch deswegen heißt es im Buchtitel »7 Wege zu einer harmonischen und starken Eltern-Kind-Beziehung«. Familienbalance heißt, gemeinsam auf dem Weg zu gehen und sich dabei immer wieder bewusst zu machen, welche Rolle jeder Einzelne innehat und wer welche Aufgaben erfüllen muss. Dabei gilt, dass nur die Eltern Verantwortung tragen und die Kinder sich ganz auf ihr eigenes Leben und ihre Entwicklung konzentrieren dürfen. So werden aus unbeschwerten Kindern irgendwann glückliche und lebenstüchtige Erwachsene.

Ich wünsche mir für dieses Buch, dass es frischgebackenen Eltern von erfahrenen Eltern empfohlen wird. Und so möchte ich Sie, liebe Leserinnen und Leser, dazu ermuntern, das Familienbalance-Wissen mit anderen Eltern zu teilen und zu diskutieren, um es auch mündlich weiterzugeben. Das daraus entstehende Wissensfeld wird unzähligen Kindern ein entspanntes Aufwachsen ermöglichen. Auch wenn sie nicht alle persönlich zu mir in die Praxis kommen können …

Ich wünsche Ihnen und Ihrer Familie von Herzen alles Gute!

Dank

Mein Dank gilt in erster Linie meinen großen und kleinen Klienten, deren Vertrauen in meine Arbeit mich zutiefst berührt und beglückt. Nur dank den weit über tausend Familien, die ich die letzten Jahre begleiten durfte, kann ich auf einen so großen Schatz an Erfahrungswissen zurückgreifen.

Danken möchte ich auch meiner Lektorin Sonia Gembus, die sich gemeinsam mit dem ganzen Team des Kösel-Verlags voller Engagement für meine Bücher einsetzt. Sie ermöglicht mir nicht nur die Herausgabe meiner Bücher, nein, sie schafft mir in München eine zweite Heimat.

Der größte Dank gilt meiner Familie, die mir zwei ganz wichtige Dinge für mein Leben mitgegeben hat: Wurzeln und Flügel. Danke für eure immerwährende Unterstützung und all die schönen Erinnerungen.

Anmerkungen

1. Die Familien haben der Veröffentlichung ihrer Geschichte zugestimmt. Die Namen in den Beispielen wurden geändert.
2. Barz (1989), zitiert nach: Storch, Maja: Die Sehnsucht der starken Frau nach dem starken Mann. Düsseldorf: Walter Verlag, 2000, S. 21–22.
3. Ebd.
4. Für Menschen mit einer Sehbehinderung steht nicht das eigentliche Sehen am Beginn einer Beziehung, gleichwohl aber das sinnliche Wahrnehmen des anderen und das daraus resultierende Erkennen. Für alle Menschen gilt: Man verliebt sich nur in jemanden, den man als liebenswerten Menschen *sieht* im Sinne von erkennen.
5. Werden einem Kind durch Inzest sexuelle Handlungen mit dem Vater (oder der Mutter) aufgezwungen, hat dies neben allen anderen schlimmen emotionalen Folgen für das Kind auch die Konsequenz, dass die Beziehung zwischen Täter und Opfer zur energetisch tragenden Beziehung innerhalb der Familie wird. Das ist für das Kind eine zusätzliche unzumutbare Bürde.
6. Richardson, Diana: Zeit für Liebe. Sex, Intimität und Ekstase in Beziehungen. Köln: Innenwelt Verlag, 2009 (12. Auflage), S. 39
7. Anand, Maharani: Die Herz-Umarmung. Dieses Buch kann Beziehungen heilen. Ahlerstedt: Param Verlag, 1999. »Herz-Umarmung« ist eine geschützte Wortmarke.
8. Chakren sind die Energiezentren unseres Körpers. Die sieben Hauptchakren befinden sich an der Vorderseite des Oberkörpers. Beginnend mit dem Wurzelchakra zwischen den Beinen, dem Sakralchakra unterhalb des Bauchnabels, gefolgt vom Solarplexus, der sich oberhalb des Bauchnabels befindet. Dann kommen das Herzchakra, das Halschakra, das Stirnchakra und zum Schluss das Kronenchakra auf dem höchsten Punkt des Kopfes.
9. Weber, Gunthard (Hrsg.): Zweierlei Glück. Die systemische Psychotherapie Bert Hellingers. Heidelberg: Carl-Auer-Systeme Verlag, 1994 (4. Auflage), S. 131
10. Willisegger, Hansruedi: Schönster Abestärn (Lied). Musik Hug Verlage, 1978. Übersetzung: Mitten in der Nacht habe ich meinen Schatz geheiratet. Wir haben den Ehebund in einer halben Stunde geschlossen und ihn von Herzensgrund beschlossen.
11. Das dreifache seelische Ja als Grundvoraussetzung für eine Zeugung beschreibe ich ausführlich im Kapitel »Die Geschwisterkonstellation«.

12. Juul, Jesper: Das Familienhaus. Wie Große und Kleine gut miteinander auskommen. München: Kösel-Verlag, 2014, S. 12
13. Nelles, Wilfried: Männer, Frauen und die Liebe. Eine kleine Psychologie der Geschlechterbeziehung. Köln: Innenwelt Verlag, 2017 (2. Auflage), S. 63
14. Schicksalsschläge wie Unfälle oder Krankheiten können das Leben auch unwiderruflich verändern, aber das sind keine natürlichen, sondern außergewöhnliche Veränderungen. Ein Kind zu bekommen, ist ein normaler Bestandteil des menschlichen Lebens.
15. Menschen ohne Kinder können auch etwas weitergeben, indem sie sich in irgendeiner Form für die Gesellschaft einsetzen.
16. Juul, Jesper: Leitwölfe sein. Liebevolle Führung in der Familie. Weinheim, Basel: Beltz, 2016.
17. Hellinger, Bert: Ordnungen der Liebe. Ein Kursbuch. Heidelberg: Carl-Auer-Systeme Verlag, 2010 (9. Auflage), S. 79
18. Heim, Sereina: Seelenkinder und wie sie in ihrer Familie wirken. Einfache Hilfe bei Einschlafproblemen, übermäßigem Schreien, ADHS, Geschwisterstreit u. v. m. München: Kösel-Verlag, 2018.
19. Siehe Heim, Sereina: Seelenkinder und wie sie in ihrer Familie wirken. Einfache Hilfe bei Einschlafproblemen, übermäßigem Schreien, ADHS, Geschwisterstreit u. v. m. München: Kösel-Verlag, 2018.
20. Limmer, Stefan: Versöhnung mit den Ahnen. Mit der 7-Generationen-Aufstellung zu ungeahnter Kraft. München: Arkana, 2015 (2. Auflage), S. 29
21. Hartmut, Juliane: Der afrikanische Ahnenkult – Das Verhältnis zu den Ältesten und Ahnen als Angelpunkt afrikanischer religiöser Identität. München: GRIN Verlag, Leseprobe.
22. Limmer, Stefan: Versöhnung mit den Ahnen. Mit der 7-Generationen-Aufstellung zu ungeahnter Kraft. München: Arkana, 2015 (2. Auflage), S.112
23. Wolynn, Mark: Dieser Schmerz ist nicht meiner. Wie wir uns mit dem seelischen Erbe unserer Familie aussöhnen. München: Kösel-Verlag, 2017, S. 39–40
24. Lohre, Matthias: Das Erbe der Kriegsenkel. Was das Schweigen der Eltern mit uns macht. Gütersloh: Gütersloher Verlagshaus, 2016, S. 177
25. Griebert-Schröder, Vera: Eine Reise zu den Ahnen. Schamanische Wege zu den eigenen Wurzeln. Berlin: Allegria, 2015, S. 180
26. Hellinger, Bert: Ordnungen der Liebe. Ein Kursbuch. Heidelberg: Carl-Auer-Systeme Verlag, 2010 (9. Auflage), S. 148

27. Griebert-Schröder, Vera: Eine Reise zu den Ahnen. Schamanische Wege zu den eigenen Wurzeln. Berlin: Allegria, 2015, S. 228
28. Hellinger, Bert: Ordnungen der Liebe. Ein Kursbuch. Heidelberg: Carl-Auer-Systeme Verlag, 2010 (9. Auflage), S. 137
29. Hellinger, Bert: Ordnungen der Liebe. Ein Kursbuch. Heidelberg: Carl-Auer-Systeme Verlag, 2010 (9. Auflage), S. 37
30. Grünewald, Katharina: Glückliche Stiefmutter. Gut zusammen leben in Patchworkfamilien. Freiburg: Verlag Herder, 2018, S. 34
31. Ebd., S. 37
32. Ebd., S. 116
33. Marlis Bredehorst, NRW-Staatssekretärin a. D. im SWR Nachtcafé »Die Magie der Liebe«, 31.05.2019

Was Kinder
unbewusst spüren
Sereina Heim
Seelen-
kinder
und wie sie in ihrer
Familie wirken
Einfache Hilfe bei
· Einschlafproblemen
· übermäßigem Schreien
· ADHS
· Geschwisterstreit
· u.v.m.
Kösel
Wenn Kinder unter Schlafproblemen, ADHS oder extremen Wutausbrüchen leiden, kann es eine Ursache geben, deren Bedeutung bisher nicht erkannt wurde: In der Familie gibt es ungeborene Geschwister, sogenannte Seelenkinder, die ihren Platz im Familiensystem suchen. Werden die Seelenkinder symbolisch und liebevoll angenommen, lassen sich viele Kinderkrisen ganz einfach lösen.
Kösel
www.koesel.de